처음이세요?

전문가세요?

탄소중립도시와 인공지능

정승현

대한민국, 서울, 커뮤니케이션북스, 2024

탄소중립도시와 인공지능

지은이 정승현
펴낸이 박영률

초판 1쇄 펴낸날 2024년 8월 31일

커뮤니케이션북스(주)
출판 등록 2007년 8월 17일 제313-2007-000166호
02880 서울시 성북구 성북로 5-11
전화(02) 7474 001, 팩스(02) 736 5047
commbooks@commbooks.com
www.commbooks.com

ISBN 979-11-288-9580-7 03500

책값은 뒤표지에 표시되어 있습니다.

차례

탄소중립을 위한 조건

기후 위기 시대의 도시

기후 변화(climate change)는 이제 거스를 수 없는 대세가 되었다. 단순히 지구의 대기 환경과 바다 온도 변화의 수준을 넘어 이제는 전 지구적인 위협이 된 상황이다. 지구 한편에서는 극심한 물난리가 나는 가운데, 그 반대편에서는 가뭄으로 산불이 번지고 있다. 또 빙하가 녹아 해수면이 상승해 극지 동식물들의 삶의 터전이 줄어들고 있고, 바닷물의 산성화로 산호들이 죽어 가고 있다. 이러한 상황은 지구상의 여러 생물에게 영향을 미쳐 생태계의 교란은 물론 인간들의 삶의 터전까지 잃을 수 있는 위협이 되고 있다. 이로 인해 기후 변화보다는 기후 위기(climate crisis)라는 말이 보편적으로 사용되고 있을 정도다.

전 세계는 이 기후 위기를 극복하기 위해서 다각적인 협력을 통해 대안을 마련하고 있다. 2015년 파리 기후변화 협약을 통해 장기적으로 산업화 이전 대비 지구 평균 기온 상승을 2℃보다 상당히 낮은 수준으로 유지하고, 온도 상승폭을 1.5℃ 이하로 제한하기 위한 노력을 추구하기로 했다. 이를 계기로 각국은 신재생 에너지를 개발해 화석 연료 사용을 줄이고, 탄소 저감을 위한 생활 양식을 확대하기 위해 노력을 기울이고 있다. 이러한 노력들은 대부분 도시를 대상으로 진행되고 있다. 도시는 대기 중으로 배출되는 인공적인 탄소의 대부분을 차지하고 있는데, 인구 증가와 더불어 불어난 인구가 도시로 몰리는 도시 집중의 문제가 심화되면서 도시 차원의 대응인 '탄소중립도시(carbon neutral cities)' 건설이 가속화되고 있다.

지구 곳곳에서 발생하고 있는 기후 변화로 인한 기후 위기 상황들은 지구가 우리에게 보내는 경고로 볼 수 있다. 이러한 기후 위기에 대응해 내놓은 대안이 바로 '탄소중립도시'다. 인류가 도시를 만든 이후부터 지금까지 도시에 닥친 위기를 극복하기 위해서 여러 가지 모델들이 제시되어 왔다. 이 책의 시작인 1장에서는 인류가 더 나은 삶을 위해 도시를 만든 이후 도시에 닥친 위협들에 대처해 가는 과정에서 만들어진 이상적인 도시 모델에 대해 설명하고자 했다. 그리고 탄소중립도시를 비롯한 도시의 이상향들을 구현하는 과정에서 인류가 겪었던 기존 한계를 극복할 수 있는 수단으로 인공지능(artificial intelligent, AI)을 제시했다. 인공지능 기술의 도입과 적용은 탄소중립도시를 넘어 우리 도시의 여러 문제를 해결할 수 있는 방안을 제시할 수 있을 것이라는 전망을 담고 있다.

지능 정보 기술의 효용과 가치

사실 탄소중립도시는 하나의 기술만으로는 목표를 달성하기 어렵다. 다양한 기술과 정책들이 종합적으로 추진되어 서로 시너지 효과를 만들어 낼 때 탄소중립 달성이 현실화될 수 있다. 탄소중립을 위한 기술과 정책으로는 신재생 에너지 전환, 에너지 저장 기술 활용, 탄소의 포집과 이용 저장, 스마트 그리드(smart grid), 친환경 이동수단의 보급과 확대, 친환경 건축과 도시의 건설, 탄소배출 저감을 위한 규제와 지원 정책 등으로 구분할 수 있다.

탄소중립을 위해서는 우선 에너지원을 화석 에너지에서 신재생 자원으로 전환하는 것이 필요하다. 태양광과 풍력 발전은 지속 가능한 에너지 공급의 핵심이다. 기술 발전을 통해 태양광 패널의 효율을 증가시키고 풍력 터빈의 설치와 운영 비용을 낮추기 위한 노력이 지속해서 진행 중이다. 그리고 바이오매스와 지열 에너지도 선택

지로 고려되고 있다. 음식물 쓰레기나 농작물의 폐기물을 활용하면 바이오매스 발전이 가능하고 땅속에 지열 히트 펌프를 설치하면 에너지 추출도 가능하다. 그러나 신재생 에너지는 기상 상황에 따라 안정된 공급이 어려울 수 있기 때문에 생성된 에너지를 효과적으로 저장하기 위한 배터리 기술과 열저장 등 에너지 저장 기술의 혁신도 중요하다. 최근에는 공장이나 발전소에서 발생하는 이산화탄소를 포집해 새로운 에너지원으로 활용하거나 제품 생산을 위한 자원으로 저장해 활용하는 탄소포집 및 저장 활용 기술(carbon capture, utilization and storage, CCUS)이 각광받고 있다.

지금까지 언급된 기술들은 에너지원의 생산과 저장, 활용에 초점을 두고 있다. 탄소중립도시에서는 기술 혁신을 통한 에너지 효율의 극대화는 기본이고 에너지 사용을 최적화하는 데도 중점을 두는데, 이 최적화에는 인공지능이 대표적으로 활용된다. 스마트 그리드는 도시에서의 전력 공급과 수요를 최적화하고 에너지 효율성을 극대화하는 데 중요한 역할을 한다. 이 기술은 전력 수요를 정확히 예측해 적정 규모의 전력을 생산하고, 이를 필요로 하는 곳에 전달하는 방식으로 도시 내 에너지 사용과 흐름을 최적화한다. 이 과정에서 생산되는 에너지원이 신재생 에너지일 경우 탄소중립에 더욱 가까워진다. 그리고 전기와 수소를 에너지원으로 움직이는 친환경 교통수단의 보급도 화석 연료에 의한 직접적인 배출을 줄일 수 있는 대안이 되며, 특히 도시에서의 교통 흐름을 인공지능으로 최적화해 제어할 경우 수송 흐름을 빠르게 할 수 있어서 궁극적으로 탄소 배출에 기여할 수 있다.

그리고 인공지능과 같은 지능 정보 기술이 활용되는 대표적인 도시 모델이 바로 스마트시티이며, 탄소중립 도시 또한 스마트시티가 추구하는 기후 변화라는 도시 문제 해결을 통한 친환경적이고 지속 가능한 도시 건설에 부합한다. 이와 관련해 2장에서는 탄소중립도시의 기본적인 개념과 작동 원리, 인공지능 기술을 통한 도시 운영과 관리를 통한 탄소중립도시 구현에의 기여를 설명했다. 그리고 3장에서는 인공지능과 같은 지능 정보 기술을 본격적으로 적용해 도시 문제를 해결하는 스마트시티에 대해, 유럽에서 추진하는 대표적인 탄소중립 스마트시티 사례를 들어 소개했다.

공간과 이동의 탄소중립

탄소중립도시를 만드는 데 있어서 핵심은 공간과 이동

의 탄소중립이다. 공간 부문의 탄소중립은 사람들이 생활하는 건물을 비롯한 시설 이용 과정에서 발생하는 탄소를 줄이는 것이고, 이동 부문의 탄소중립은 내연 기관 자동차와 같은 화석 연료를 이용하는 수단을 친환경적으로 전환하고 수송 효율을 향상시켜 배출량을 줄이는 것을 말한다. 공간과 이동은 도시가 가진 특성을 나타내는 핵심적인 개념으로, 이 두 가지 분야에서의 탄소중립이 달성될 수 있다면 탄소중립에 거의 가까이 접근한 것으로 볼 수 있다.

먼저 공간의 탄소중립과 관련해 '스마트 빌딩'은 탄소 배출을 최소화할 수 있도록 설계되고, 사용 과정에서도 인공지능을 이용해 에너지 사용량을 제어하고 관리할 수 있어 탄소중립도시의 대표 사례로 손꼽힌다. 이와 관련해 4장에서는 대표 사례에 대해 스마트 빌딩의 설계와 운영 방식을 중심으로 소개했다. 사례로 제시한 스마트 빌딩은 대형 건축물들로, 기업의 예산 절감과 친환경 경영에 대한 홍보 성격이 있는 것도 사실이다. 따라서 보편적인 공간 분야의 탄소중립을 위해서는 주택과 같은 일반 건축 부분에도 에너지 사용 절감과 탄소 배출 절감을 위한 인공지능 기술 적용이 필요하다.

탄소중립도시에서의 이동은 모빌리티 혁명으로 대표

된다. 모빌리티 혁명은 전기와 수소를 비롯해 탄소 배출을 줄일 수 있는 이동 수단의 보급만이 아닌 이들 수송 수단들의 에너지 사용을 최소화할 수 있는 방향으로 운영하는 것을 포함한다. 그리고 보행 환경 개선을 통해 도보로 일상생활이 가능할 수 있도록 도시 환경을 조성하는 것도 필요하다. 이에 대해서는 5장을 통해 인공지능이 적용된 자율 주행차를 통한 에너지 소모와 온실가스(greenhouse gases, GHGs) 배출을 줄이는 과정과 효과, 대중교통 부문에서의 인공지능 기술의 기여에 대해서 다뤘다. 그리고 7장에서도 이동과 관련해 도시계획을 통한 보행 중심의 도시 조성이 탄소중립에 미치는 중요성을 설명했다.

공간 계획을 통한 탄소중립도시의 조성

이 책은 계획과 정책 분야에서의 인공지능 기술에 초점을 맞추고 있다. 인공지능 기술의 핵심 기능이 미래에 대한 예측, 최적화에 특화되어 있기 때문에 정책이나 계획 수립 시 필요한 다양한 도시 활동을 예측해 정확한 계획과 대안을 제시하는 것이 가능하다. 탄소중립도시의 계획에서는 대중교통, 자전거 도로망, 녹지 공간 등을 포함하는 친환경적이고 지속 가능한 인프라를 조성하는 것이 중요하다. 그리고 탄소중립 관련 정책을 적재적소에 적용해 재정 투입의 효과를 극대화하는 것도 필요하다. 이 같은 일들은 모두 공간에 기반해 시행되는 것으로, 이를 위해서는 공간 단위에서의 탄소중립 정보를 파악하고 이를 기반으로 한 최적의 공간 계획 대안이 되어야 한다.

이와 관련해 6장에서는 공간 단위의 탄소 배출 및 흡수와 관련된 정보를 제공하는 '탄소공간지도'의 구축과 활용에 대해서 다뤘다. 2024년을 기준으로 탄소공간지도는 건물, 수송, 흡수원 부분에서의 탄소 배출 활동과 흡수 성능을 지도화해 서비스하고 있다. 하지만 탄소공간지도가 공간 계획에 활용되기 위해서는 온실가스 인벤토리와의 항목 일치화, 국가 단위 온실가스 통계와의 정합성 확보, 공간 계획 수립을 위한 지원 기술의 개발 등 넘어야 할 산들이 많다. 그럼에도 탄소공간지도는 탄소중립도시의 공간 계획과 정책 수립을 위한 기본 정보 시스템으로서 활용될 수 있을 것이다.

7장에서는 탄소중립도시의 대표적인 공간 계획 기법에 대해 소개했다. 사실 도시계획 기법들은 대부분 친환경적이고 지속 가능한 도시 공간 조성을 목표로 하기 때문에 직간접적으로 탄소중립과 연계되어 있다. 도시 공간에서 이동에 소요되는 에너지를 줄이기 위해 도시를 압축적으로 조성하고, 보행 중심의 도시 공간을 만들기 위한 N분 도시와 같은 도시계획 개념들은 이제 탄소중립을 떠나 보편적인 도시계획의 대세가 되었다. 이에 더해 도시 공간에 축적되는 다양한 도시 활동 데이터를 활용한 빅데이터 기반의 인공지능 도시계획 기술들은 앞으로 탄소중립도시를 위한 일반 사항이 되었다.

8장은 탄소중립도시 사례에 대해서 두 가지 사례를 소개했다. 탄소중립도시 분야에서 크게 이슈화되고 있는 도시는 사우디아라비아의 '네옴 시티(NEOM City)'이다. 네옴시티는 사우디아라비아가 국가적으로 추진하는 대표적인 도시 개발 사업으로 스마트시티와 탄소중립을 목표로 삼고 있다. 네옴은 하나의 도시를 지칭하는 것이 아니라 각각의 주제를 가진 몇 개의 도시들로 이루어져 있다. 이 중 대표 프로젝트로 사막을 180km 횡단하는 '더 라인(The line)'을 들 수 있다. 더 라인은 자급자족이 가능한 500m 높이와 200미터의 폭을 가진 외벽이 유리로 된 대규모 선형 도시로, 그 실현 가능성과 환경에 대한 부정적인 영향 등에 대해서 논쟁이 뜨겁다. 따라서 이 책에서는 실제 실현된 사례로 아랍에미리트의 마스다르 시티(Masdar City)를 사례로 탄소중립도시의 공간 계획과 운영에 대해서 소개했다. 그리고 도시 재생 관점에서 쇠퇴 도시를 친환경 탄소중립도시로 탈바꿈한 사례로 스웨덴의 말뫼(Malmö)에 대한 이야기를 담았다.

탄소중립도시의 한계와 발전 방향

인공지능 기술은 탄소중립도시를 구현하는 데 있어서 핵심 역할을 하고 있고, 앞으로 그 중요성은 더욱 높아질 것이다. 하지만 인공지능 기술이 오히려 탄소중립에 역행한다는 주장도 있다. 인공지능 기술을 적용하기 위해서는 대용량의 데이터가 필요해 이를 저장하고 연산하는 과정에서 높은 에너지 소모가 있을 수 있다는 것이다. 이에 대해 9장에서는 인공지능 기술이 적용된 수송 분야의 대표 사례인 자율 주행차의 제작과 운용 과정이 탄소중립과 환경에 미치는 부정적 영향에 대해서 기술했고, 인공지능 시대 수요가 급증하는 데이터 센터에서의 열 배출과 에너지 사용량에 대해 설명해 인공지능 기술이 전가의 보도가 아니며 기술을 활용하는 전 과정에서 탄소중립에 대한 고려가 필요함을 설명했다.

그리고 마지막 10장에서는 탄소중립도시 이후에 도래할 도시 모델에 대해서 고민해 보았다. 한 시대를 대표하는 이상적인 도시 모델이 있다. 예를 들어 스마트시티,

생태 도시, 초연결 도시, 리질리언트 도시와 같은 것들이다. 지금은 기후 위기의 심각성으로 인해 온실가스를 줄이고자 하는 탄소중립도시가 대세를 이루고 있지만, 새로운 위협이 되는 도시 문제의 대두는 새로운 도시 모델을 필요로 할 수 있다. 탄소중립도시가 현재 지배적인 도시 모델로 주목받고 있는 것은 앞으로 도시가 환경적 도전에 대응하고 지속 가능성을 추구하는 데서 필요한 한 단계로 볼 수 있다. 그러나 앞으로의 이상적인 도시 모델은 탄소중립성을 넘어 사회적 · 경제적 재생 가능성을 목표로 추진되어야 한다고 본다. 그리고 도시에서 탄소중립을 실현하는 문제에서 인공지능 기술의 적용은 그 가능성과 효용을 이미 인정받았고 앞으로는 일반적인 사항이 되어 보편적인 기술이 될 것이다. 그리고 기술의 발달로 인해 인공지능 기술 이후의 신기술 개발은 새로운 도시 모델의 출현을 앞당길 수도 있다.

새롭게 제시되는 도시 모델은 기후 위기와 같은 전 지구적 문제의 해결과 함께 경제 성장, 사회적 포용 등을 포괄하는 방향으로 나타나게 될 것이다. 일례로 과거에는 탄소 배출을 줄이는 것이 기후 변화에 대응하기 위함이 주된 목적이었다면, 최근에는 탄소중립이 경제와도 밀접하게 관련되어 있다. 산업 부문에서는 자국보다 이산화탄소 배출이 많은 국가에서 생산 · 수입되는 제품에 부과하는 관세인 탄소국경세, 기업이 제품 생산에 사용하는 전력을 100% 신재생 에너지로 충당하는 RE100 등이 추진되고 있다. 앞으로의 도시 이슈는 환경, 사회, 경제적인 부분에 밀접한 관련을 가지고 복합적으로 제시될 것으로 전망된다.

이 책이 탄소중립도시의 모든 것을 담고 있지는 않다. 인공지능이 가진 가능성을 모두 탄소중립과 관련해 설명하는 것도 어렵다. 하지만 온실가스의 주 배출원이자 삶의 터전인 도시에 대한 이해를 바탕으로 탄소중립도시에 대한 인식을 높이는 데 조금이나마 기여할 수 있기를 기대한다.

참고문헌

한국건설기술연구원(2023). 『탄소공간지도 기반 계획지원 기술개발 연차보고서』. 국토교통과학기술진흥원.

국토교통부 탄소공간지도. http://www.carbonmap.kr

네옴시티 프로젝트 소개 홈페이지. http://www.neom.com

01
도시의 이상향, 탄소중립도시

도시에서는 항상 새로운 문제가 생겨났고 이를 해결하기 위한 지향점으로 도시 모델이 제시되었다. 최근에는 기후 변화로 인한 문제가 심각해지면서 도시의 이상향으로 탄소중립도시가 주목받고 있다. 그리고 탄소중립도시를 구현하는 데 있어서 스마트시티의 핵심 기술인 인공지능이 기존에 해결이 어려웠던 도시 문제에 대응하는 최고의 방법으로 인식되면서 그 가능성과 중요도를 높게 보고 있다.

AI와 1인 창업?

사람들이 모여 도시를 만들다.

사람들이 자신이 살고 있는 곳을 보다 안전하고 쾌적하며 편리한 곳으로 만들려는 것은 당연하다. 지구상에 출현한 인류는 혼자보다 모여 사는 게 낫다는 걸 터득했다. 힘을 합치면 맹수나 외부의 적으로부터 더 안전할 수 있고, 식량 생산에서도 효율을 높일 수 있기 때문이다. 사람들이 모여서 이룬 삶의 단위는 처음에는 가족이나 마을이었을 테지만 점차 그 규모를 키워 가면서 인류 최고의 발명품이라고 부르는 '도시'가 만들어졌다. 도시는 풍부한 인적 자원을 바탕으로 분업과 규모의 경제를 활용해 성장했고, 자원과 사람을 끌어모으는 흡입력을 바탕으로 과학 기술의 발전에 힘입어 지금에 이르게 되었다.

인류 최초의 도시는 기원전 시기 메소포타미아의 비옥한 초승달 지역에서 태동한 문명과 함께 나타났다. 인류 최초의 도시에 대해서는 여러 학설이 있지만 대체로 현재 이라크 남부 지역에서 태동한 도시들인 에리두(Eridu), 우루크(Uruk), 우르(Ur)를 지목하고 있다. 그중 수메르의 에리두는 기원전 5000년쯤 유프라테스와 티그리스강 사이 메소포타미아의 비옥한 토지에 힘입은 농업 생산력을 기반으로 성장했다. 그리고 우루크는 분업화와 전문화가 일어난 도시다. 물건을 만드는 장인, 도시의 구조물을 설계하고 건설하는 토목 기술자, 도시를 체계적으로 관리하는 행정가 등의 분업화된 전문가 집단이 생겨났고, 문자를 사용하기에 이르렀다. 이는 도시의 성장에 대응해 효율적으로 도시를 운영하기 위해 필요한 것들을 개발한 것으로 볼 수 있다. 한편, 우르는 당시 신전의 용도로 사용된 '지구라트'로 유명한 도시다. 초기 도시가 종교와 정치가 일체인 지배 구조를 가진 것을 의미하며, 도시가 단순한 생산 효율을 위한 곳이 아닌 권력 구조를 가진 일체화된 조직으로 발전했음을 의미한다. 또한 이러한 지배 체계마저도 도시 운영에서의 필요 때문에 만들어진 것으로 볼 수 있다.

이렇듯 사람들이 모여 도시가 만들어지고 성장하면서 다양한 분야에서 효율과 생산성이 향상되기도 했지만, 한편으론 극복해야 할 것들도 지속해서 생겨났다. 그리고 이를 해결하면서 도시는 한층 더 성숙해 가고 있다.

도시 문제의 발생과 해결 노력

도시에 대한 고민은 안전하고 편리하며 쾌적한 환경을 만들기 위한 노력으로 계속되고 있다. 현실에서의 도시는 모여 사는 데 따른 혜택과 함께 도시 문제라는 부정적인 측면을 동시에 안고 있다. 사람들이 도시로 모여듦에 따라 자연히 발생하는 범죄, 전염병, 주택 부족 등의 도시 문제는 인류 최고의 발명품이라는 '도시'가 지속해서 혁신하고 발전되어야 하는 이유이기도 하다. 하지만 도시 문제는 다양한 노력에도 불구하고 쉽게 해결되지 않았다. 수천 년의 도시 역사에서 그 어느 하나라도 완벽하게 해결된 사례는 없다. 코로나19로 인해 도시의 일상이 쉽게 멈춰 버린 것처럼 전염병 확산의 우려도 여전하다. 이처럼 도시 문제는 도시에 상존하는 위협으로 인식되고 있다.

시대별 주된 도시 문제는 다양하게 나타났다. 초기 촌락에서부터 식량 확보는 먹고사는 것과 직결되는 주된 도시 문제였을 것이다. 이 문제는 아직도 지역 간 불균형의 형태로 나타나고 있다. 외부의 적으로부터의 공동체의 안전을 확보하는 것은 최근까지도 이어진 현안이다. 중세 흑사병과 콜레라를 거치며 인식된 도시의 위생 문제는 상하수도 시설의 설치와 같은 기술적 해결 방안과 용도를 구분하는 초창기 도시계획의 시행으로 인해 개선된 것으로 인식되었으나, 코로나19 사태를 통해 여전히 도시가 전염병에 얼마나 취약한지를 여실히 드러내게 되었다. 그리고 무엇보다 지진, 홍수와 같은 자연재해에 대한 도시의 대처는 매우 제한적이다. 어쩌면 완벽히 해결할 수 있는 문제가 아닐 수도 있다. 하지만 인류는 그 문제를 해결하려는 방안을 다각적으로 찾고 있다.

이상향, 이상 도시

현 상태로는 도시 문제를 해결하기가 어렵기에 사람들은 이상향(理想鄕)을 찾게 되었다. 이상향은 말 그대로 인간이 생각할 수 있는 최선의 상태를 갖춘 완전한 사회로, 그러한 사회가 작동하는 공간을 이상적이라고 할 수 있다. 동서양의 사람들은 현실의 문제가 해결된 도시 모델 또는 방법들을 생각해 보게 되었고 그것이 바로 이상 도시(理想都市)라는 이름으로 제시되었다.

동양의 이상 도시는 '무릉도원(武陵桃源)'과 같이 현실 도피적인 측면이 강했다. 낙원(樂園), 도원향(桃園鄕)으로 불리는 이 이상적인 공간에 관한 이야기는 이미 세상의 많은 문제가 해결된 최상의 상태가 묘사된 것이 대부분이다. 물론 이러한 생각의 배경에는 현실 세상에서 벌어지는 전쟁과 핍박, 그리고 혼란상과 상반되는 상황에 대한 갈망이 반영된 것이다. 그리고 동양의 이상향이 서양의 것과 다른 점은 도시보다는 자연 속에서의 삶에 가깝다는 것이다.

반면, 서양의 이상 도시는 문제 해결을 위한 기술적이

고 과학적인 방법들을 제시하고 있다는 특성이 있다. 서양의 이상 도시는 유토피아(Utopia)가 대표적이다. 단어 그대로 해석하자면, 이 세상에 없는 공간을 뜻한다. 유토피아는 1516년에 발간된 토머스 모어(Thomas More)의 소설 『유토피아』에서 유래했다. 동양의 무릉도원과 달리 토머스의 유토피아에서는 이상향을 만들기 위한 방법으로 정치, 종교, 군사 등의 당시로서는 혁신적인 사상과 도시의 물리적인 형태가 담겨 있다. 토머스는 기존 도시가 가지고 있던 문제점들을 해결하는 방안으로 이상적인 정치와 사회 제도를 제시한 것이었다. 유토피아 이후 이상향을 위한 노력은 도시계획가들과 건축가들에게 이어져 현실의 도시 문제를 해결하는 방안으로 여러 가지 형태의 이상 도시들을 제안하기에 이르렀다.

산업 혁명으로 인한 새로운 생산 체계가 도입되자, 그에 맞는 도시 모델로서 18세기 후반 프랑스의 건축가 르두(Claude Nicolas Ledoux)는 공업 생산을 위한 노동자들의 생활에 최적화된 이상 도시 모델인 쇼우(Chaux)를 발표했다. 19세기에는 도시의 교통 문제가 주목받자, 이를 해결하기 위한 도시로 스페인의 사업가 마타(Arturo Soria Y Mata)에 의해 선형 도시(linear city)가 제안되기도 했다. 그리고 19세기 말에는 도시의 병폐와 생활환경

악화, 그리고 농촌에서의 저소득과 단조로운 생활 문제를 해결하기 위해 에베네저 하워드(Ebenezer Howard)가 도시와 농촌의 장점만을 결합한 전원도시(garden city)모델을 제시했고, 그 일부는 실현되기에 이르렀다. 20세기 이후에는 과학 기술을 총동원한 움직이는 도시(walking city), 지하 도시, 공중 도시, 해양 도시 등이 제시되었다.

기후 위기에 대응하는 도시의 이상향, 탄소중립도시

1972년, 로마클럽의 보고서 '성장의 한계(The limits of growth)'에서는 현재의 성장 추세가 지속된다면 100년 안에 그 한계에 도달할 것이라고 보았다. 특히 인구 증가와 그에 따른 공업 활동의 영향으로 지구의 환경 오염은 가속화될 것으로 전망했다. 이를 배경으로 UN 환경회의를 비롯한 국제회의에서는 전 지구적 차원에서의 환경과 에너지 문제에 대한 논의가 본격화되기 시작했다. 이후 지구 온난화와 그에 따른 기후 변화에 대응하기 위해서 1992년 브라질 리우에서는 192개국이 참여하고 160개국이 서명한 '기후 변화 협약'이 체결되었고, 1997년에는 기존의 구속력이 없던 협약을 대체하기 위해 선진국들의 온실가스 감축 목표치를 규정한 '교토 의정서'가 채택되기에 이르렀다. 기후 변화에 대한 각국의 노력은 여기서 멈추지 않았고, 이후에도 새로운 협약을 체결하면서 탄소중립도시를 만들기 위한 다각적인 노력을 기울이고 있다.

최근에는 인공지능과 빅데이터를 비롯한 4차 산업 혁명의 지능 정보 기술을 활용해 지능적으로 도시 문제를 해결하는 스마트시티가 주목받고 있으며, 이러한 스마트시티를 통해 탄소중립을 실현하려는 사례가 증가하고 있다. 인공지능은 방대한 자료, 즉 빅데이터를 기반으로 학습을 통해 최적의 대안을 제시하게 되는데, 이전에 비해 문제 해결에 걸리는 시간은 줄었고 그 효과는 더 크게 나타나고 있다는 것이다. 이로 인해 인공지능이 전 지구적인 문제인 기후 변화에 대응해 우리 도시를 탄소중립으로 만드는 데 큰 기여를 할 수 있을 것으로 전망하고 있다.

참고문헌

김철수(1997). 『도시계획사』. 서울: 기문당.

김흥순(2021). 『인물로 보는 서양 근대도시계획사』. 서울: 박영사.

Smith, P.(2012). *City: A guidebook for the urban age.* Bloomsbury Press. 엄성수 옮김(2015). 『도시의 탄생』. 옥당.

02
탄소중립과 인공지능

인간 활동으로 과도하게 배출되는 온실가스는 지구 열평형을 깨뜨려 지구 온난화와 기후 변화를 일으킨다. 그리고 온실가스 상당량이 도시에서 배출되고 있다. 인위적으로 배출되는 탄소량과 제거되거나 흡수되는 탄소량이 같아지는 상태를 탄소중립이라 하며, 이러한 개념이 적용된 도시를 탄소중립도시라 한다. 인공지능은 에너지 사용을 최적화하고, 수송의 효율화와 도시 시설의 효율적 운영을 지원해 탄소중립도시 구현에 기여할 수 있다.

AI와 MBTI?

온실가스와 탄소의 관계

온실가스는 지구를 둘러싸고 있는 기체다. 온실가스는 지구 표면에서 우주로 발산하는 적외선 복사열을 흡수하거나 반사한다. 이는 지표와 대기층 사이 공간에 열을 가두는 효과를 내는데, 온실의 원리와 같다. 따라서 대기 중의 온실가스는 지구의 온도를 상승시키는 원인이 된다. 지구 온도 상승은 양 극지의 빙하를 녹여 해수면 상승을 불러오고 일사량 증가와 대기 건조화 등을 일으키는 등 기후 변화를 유발한다. 이러한 기후 변화는 지구 생태계에 부정적인 영향을 미치기 때문에 지구 온난화의 주원인인 온실가스를 감축하려는 노력이 진행되고 있다.

온실가스는 이산화탄소, 메탄, 아산화질소, 오존, 그리고 프레온가스로 불리는 염화 불화 탄소 등을 말한다. 이 중 인간 활동에 의해 인위적으로 배출되는 온실가스는 대부분이 이산화탄소다. 배출되는 온실가스의 상당 부분이 화석 연료를 에너지원으로 사용하거나 이를 이용한 산업 공정에서 발생하고 있다. 화석 연료에는 탄소가 포함되어 있는데, 화석 연료가 연소하면 탄소가 공기 중으로 배출되고, 공기 중에서 다시 산소와 만나 이산화탄소가 된다. 따라서 화석 연료의 사용은 바로 이산화탄소 배출에 직결되는 문제로 화석 연료 사용을 줄이는 것이 지구 온난화를 완화하는 하나의 방안이 된다. 이처럼 일반적으로 온실가스는 탄소와 동일시되고 있고, 그러다 보니 기후 변화에 대응하는 것은 곧 탄소를 줄이는 것으로 인식되고 있다.

과유불급의 온실가스

현재는 많은 사람이 기후 변화에 대한 홍보와 인식 개선 노력을 기울여 온실가스를 줄여야 한다는 것쯤은 대부분 알고 있다. 그렇다고 온실가스가 완전히 필요 없는 것은 아니다. 지구상의 생명체들은 적정 온도가 유지되어야 살아갈 수 있는데, 만약 온실 효과가 없다면 지구는 생명체들이 살기 어려운 환경이 될 것이다. 실제 지구에서 자연적으로 발생하는 온실가스는 식물이나 바닷속 플랑크톤에 의한 자정 작용을 통해 열평형 상태를 유지할 수 있다. 문제는 기존의 열평형 상태를 깨뜨리는 인위적인 온실가스의 과도한 배출에 있다. 따라서 탄소중립은 지구상에 배출되는 모든 온실가스를 없애는 것이 아닌, 인위적으로 과도하게 배출되는 온실가스 양을 줄이거나 없애서 지구 대기를 자연적인 열평형 상태로 만드는 것이다.

인위적인 온실가스가 배출되는 대표적인 공간이 바로 도시다. 전체 이산화탄소 배출량 중 도시에서 배출되는 양이 차지하는 비율은 70%에 이른다. 도시에서는 다양한 인간 활동이 이뤄지는데 그 과정에서 온실가스가 배출된다. 물론 인구수가 적고 인간 활동의 규모가 크지 않으며, 그 형태도 현대와 같이 복잡하고 고도화되지 않은 산업화 이전에는 큰 문제가 되지 않을 수 있다. 그러나 산업화를 거치면서 산업 생산에 전기와 기계가 도입되어 대량 생산 체계가 갖춰진 뒤에는 이전과는 비교가 되지 않을 수준의 생산 활동을 하게 되었다. 당연히 급격하게 증가한 생산 활동에 비례해 탄소가 배출되고 있다. 그뿐만 아니라 내연 기관의 발명으로 이동 수단에 있어서도 화석 연료를 대량으로 소비하게 되면서 온실가스는 자연계의 평형을 해칠 수준으로 과다하게 배출되었다. 도시에서 배출되는 온실가스를 줄이기 위해서는 인간 활동 자체를 줄여야 하는데, 그렇다고 실제로 그렇게 하기는 쉽지 않다. 왜냐면 인간 생활을 영위하는 데 필요한 생산 활동을 멈출 수 없기 때문이다.

탄소중립도시의 등장

탄소 배출을 줄이기 위해서는 생산 활동을 비롯한 대부

분의 인간 활동이 발생하는 도시에서의 노력이 무엇보다 중요하다. 인위적으로 배출되는 탄소량과 제거되거나 흡수되는 탄소량이 같아지는 상태를 탄소중립이라 하는데, 이러한 탄소중립 개념이 적용된 도시를 탄소중립도시라 한다. 탄소중립도시는 갑자기 생겨난 개념이 아니며, 1980년대 이전부터 기후 변화를 비롯한 지구의 환경 문제에 대한 전 세계적인 논의와 이행 과정을 통해 형성되었다.

1983년 국제연합(UN)에서는 환경 문제에 대응하기 위해 일명 브룬트란트위원회로 불리는 세계환경개발위원회(World Commision on Environment and Development, WCED)를 구성했으며, 여기서 1987년 '우리 공동의 미래(Our common future)'라는 보고서를 발표했다. 이 보고서에서는 지구 생태계 보호와 경제 성장 간의 조화를 모색하기 위해 '환경적으로 건전하고 지속 가능한 개발(environmentally sound and sustainable development, ESSD)' 개념을 도입했다. 이후 ESSD는 각종 개발 사업 추진 과정에서 보편적인 개념으로 적용되며 친환경 도시에 관한 관심이 확산하는 계기가 되었다.

탄소중립도시도 이러한 친환경 도시의 연장선에서 제기된 개념이다. 유럽 국가들은 일찍부터 친환경 도시를 추구해 왔다. 전원도시, 생태 도시 등이 친환경 도시 계보상의 유사한 개념을 적용한 도시로 볼 수 있으며, 최근에는 인공지능, 빅데이터와 같은 스마트시티 기술이 보급됨에 따라 이를 활용해 탄소중립을 이루려는 시도가 진행되고 있다.

인공지능 기술의 탄소중립도시에의 기여

인공지능은 탄소중립 분야에서도 과거에 비해 많은 변화를 가져왔다. 인공지능의 큰 장점은 기존 대비 예측의 정확도가 높고, 또 학습을 통해 예측을 포함한 전반적인 성능 개선을 가져올 수 있다는 것이다. 탄소중립을 실현하기 위해서는 먼저 탄소 배출량에 대한 정확한 정보를 생성해야 한다. 그리고 탄소를 배출하는 산업 생산을 비롯해 인간 활동 과정에서 배출되는 탄소량을 최소화하는 공정 개발이 필요하다. 또한 탄소 배출을 감소하기 위한 정책이나 기술을 적용했을 때 탄소 배출이 감소하는 규모를 정확히 예측할 수 있어야 한다. 인공지능 기술은 다양한 측면에서 탄소중립을 실현하는 데 이바지하고 있다.

인공지능 기술은 에너지 효율성을 향상해 탄소 배출을 줄일 수 있다. 인공지능 기술을 활용하면 에너지 소비를 최적화하고 관리하는 데 도움이 된다. 예를 들어, 공장에서의 산업 공정에는 대량의 에너지가 투입되는데, 인공지능이 제조 공정과 에너지 소비 간의 관계를 학습하면 에너지를 적게 투입하면서도 생산성을 향상하는 방법을 찾을 수 있다. 특히 전기 에너지는 수요에 맞게 생산해서 적기에 공급하는 것이 중요하다. 따라서 수요를 정확하게 예측해 최적의 조합으로 적정 규모의 전기를 생산해 도시에 공급하는 것이 필요하다. 여기서는 인공지능 기술의 최적화 알고리즘이 적용될 수 있다.

수송 부문에서도 탄소 배출을 획기적으로 줄일 수 있다. 자율 주행 차량은 고도의 인공지능 기술이 도입되는데, 운전자의 실수를 줄이고 교통사고를 미리 예방할 수 있다. 그리고 차량 흐름에도 획기적인 변화를 예상해 볼 수 있다. 사람이 직접 차량을 운전하고, 신호 체계도 기존 방식일 경우 차량 정체가 발생할 수 있다. 차량이 정체한다는 것은 차량 운행 시간이 길어져서 대기 중으로 오염 물질과 이산화탄소를 배출하는 시간도 늘어난다는 걸 뜻한다. 그러나 지능화된 신호 체계를 적용하면 물 흐르듯 자연스러운 차량 통제를 통해 차량 속도를 높일 수 있다. 이는 차량 이동뿐 아니라 물류 유통에서도 가장 적은 에너지를 투입해 물동량과 운송 네트워크 최적화를 통해 궁극적으로 탄소 배출량을 낮출 수 있다.

그리고 일상생활 전반에도 탄소를 줄이기 위한 인공지능 기술이 적용될 수 있다. 건물 안에서는 사람들의 활동 패턴을 학습해 에너지 사용을 최적화할 수 있다. 예를 들어 스마트 조명 시스템은 사람 움직임에 따라 밝기를 조절해 에너지를 절약할 수 있다. 냉난방 장치의 운용에서도 건물 내 재실자의 활동 패턴을 인공지능으로 분석해 에너지 사용을 최소화할 수 있는 방향으로 작동시킬 수 있다.

참고문헌

United Nations(2014). World urbanization prospects: The 2014 revision.

United Nations(2015). Paris agreement 2015.

United Nations(2019). Global sustainable development report.

03
스마트시티와 탄소중립

도시 문제 해결을 위해 인공지능을 비롯한 지능 정보 기술이 적용된 다양한 솔루션을 도시민들에게 제공하는 도시를 스마트시티라고 한다. 도시에서 해결해야 하는 문제 중 가장 시급하고 중요한 것은 인류 생존에 직결되는 기후 변화와 탄소중립으로, 이미 유럽에서는 탄소중립을 목적으로 스마트시티 사업을 추진하고 있다.

AI와 난임 극복?

4차 산업 혁명의 핵심 플랫폼, 스마트시티

2016년 1월, 우리에게 다보스 포럼으로 더 잘 알려진 세계 경제 포럼(World Economic Forum)에서 논의된 주제는 '제4차 산업 혁명의 이해'였다. 세계 경제 포럼 이후 제4차 산업 혁명은 정보통신 기술 기반의 새로운 산업 시대를 대표하는 용어가 되었다. 세계 경제 포럼을 이끄는 클라우스 슈밥(Klaus Schwab)은 그의 저서 『제4차 산업 혁명(The fourth industrial revolution)』에서 인간과 사물, 사물과 사물 간의 네트워크를 통해 물리적 공간의 제약이 사라지는 사물 인터넷 기술이 미래의 도시를 혁신시킬 것으로 전망했다. 그리고 이러한 혁신적 변화의 도시를 스마트시티라고 정의했다. 그의 말처럼 스마트시티는 신산업 시대를 이끌 핵심적인 플랫폼으로 주목받고 있다.

4차 산업 혁명은 이전 산업 혁명 단계보다 더 크고, 빠르고, 강력한 사회 전반의 변화를 촉진하고 있다. 그리고 그 변화의 핵심에 스마트시티가 있다. 바르셀로나, 코펜하겐, 헬싱키, 밴쿠버, 비엔나는 대표적인 스마트시티의 사례로 손꼽힌다. 우리나라도 관련 법률을 제정하고 인공지능과 사물 인터넷 기반의 스마트시티 실증 단지를 조성하는 등 스마트시티 조성과 관련 분야 산업 활성화를 추진하고 있다. 이처럼 세계 각국이 스마트시티에 집중하는 이유는 인구의 비약적인 도시 집중과 자원 경제의 한계에 직면하고 있기 때문이다. 도시 인구 증가에 따른 주택 부족, 교통 혼잡의 가중, 에너지 고갈과 인프라 공급의 위기 등 다양한 도시 문제가 발생하면서 정보통신 기술, 나아가 지능 정보 기술이 접목된 스마트시티 구축이 해결 방안으로 주목받기 시작한 것이다.

스마트시티에 대한 정의는 국가와 기관별로 다소 차이는 있으나 일반적으로 정보통신 기술이 적용되어 도시 전체가 통신망으로 연결되고, 이를 기반으로 도시 문제 해결을 위한 다양한 서비스를 제공하는 편리하고 효율적인 도시를 말한다. 4차 산업 혁명에서 스마트시티가 주목받는 이유는 4차 산업 혁명의 핵심 기술과 서비스가 주로 도시 공간을 대상으로 적용되기 때문이다. 그래서 스마트시티를 4차 산업 혁명의 기술과 서비스를 담는 그릇, 테스트 베드 또는 플랫폼이라고 부른다. 4차 산업 혁명을 통해 활성화될 것으로 전망되는 자율 주행 자동차, 드론, 3D 프린팅, 공간 정보, 스마트 홈 등은 모두 도시 공간에서 운영, 설치, 활용되는 대상이 된다. 그리고 도시 공간에 적용되고 활용되는 대상들은 대부분 인공지능 기술을 활용해 도시 문제 해결에 기여하고 있다.

스마트시티의 핵심 기술, 인공지능

4차 산업 혁명의 핵심 기술이자 스마트시티 구현의 핵심 기술은 바로 '지능 정보 기술'이다. 지능 정보 기술은 인공지능, 사물 인터넷, 클라우드 컴퓨팅, 빅데이터, 모바일 기술이 결합된 형태를 말하는데, 일반적으로 지능은 인공지능을, 정보는 빅데이터를 가리킨다. 이러한 지능 정보 기술이 적용된 도시는 이전보다 더 안전하고 편리하며 쾌적한 환경을 시민들에게 제공하게 될 것이다.

GPS와 관성 항법 장치를 통해 위치를 파악하고 상황 인식 기능을 통해 주변 사물들의 위치와 거리를 인지해 안전하게 주행하는 자율 주행 자동차의 이용이 보편화될 것이다. 그리고 자율 주행 자동차의 이용은 인공지능, 빅데이터, 클라우드 컴퓨팅에 기반한 신호 처리와 교통 흐름 관리를 통해 교통 혼잡과 대기 오염이 없는 도로 환경을 만들어 준다. 주택과 사무 공간에서도 모바일 기술과 사물 인터넷을 기반으로 사람들의 생체 정보를 감지하고 실내 활동 패턴을 분석해 항상 최적의 실내 온도를 유지할 수 있다. 이 외에도 스마트시티의 다양한 분야에 인공지능을 비롯한 지능 정보 기술이 적용될 수 있다.

인공지능 기술은 이제 보편적인 기술이 되었다. 굳이 스마트시티가 아니라 하더라도 일상생활 전반에 인공지능이 작동하고 있고 영향을 준다. 인터넷에 연결되지 않아도 스마트폰에 인공지능이 기본으로 탑재되어 여러 가지 언어로 번역과 통역을 지원하고, 생활 패턴을 알아서 분석해 사용자가 원하는 것을 미리 준비해 주기도 한다. 이러한 것들은 대부분 편리함에 초점을 둔 것으로, 실제 스마트시티를 만들고자 한 목적이 도시 문제의 해결에 있었음을 상기할 필요가 있다. 스마트시티가 대두된 배경 중 하나가 바로 이전 기술로는 도시 문제의 해결에 한계가 있었기 때문에 인공지능과 같은 지능 정보 기술을 적용해 해결을 시도한 것이다. 그런데 도시에서 해결해야 할 가장 큰 문제는 바로 기후 변화와 탄소중립이다. 이 문제는 전 지구적인 고민거리기도 하고 인류의 생존과도 직결된다.

탄소중립을 추구하는 스마트시티

유럽의 스마트시티 프로젝트는 기후 변화와 탄소중립을 목표로 하고 있다. 라이트하우스 프로젝트는 유럽 도시를 대상으로 유럽연합(EU)의 재정 지원으로 시행 중인 대표적인 스마트시티 실증 사업이다. EU의 재정 지원을 받고자 하는 도시는 스마트시티 솔루션과 기술을 선행 적용하는 선도 도시(lighthouse cities)와 검증된 기술 사례를 확장해 적용하고자 하는 후발 도시(follower cities), 그리고 이러한 실증에 참여하는 기업과 대학, 연구소 등으로 연합체를 구성해 사업을 수행한다. 2021년 5월 기준으로 라이트하우스 프로젝트는 완료된 연합체를 포함해 총 18개의 프로젝트가 등록되어 있다. 라이트하우스 프로젝트에 적용된 스마트시티 솔루션을 분석해보면 주로 에너지, 교통 · 모빌리티, ICT 분야 솔루션이 적용되었고, 이 중 건축물 에너지 효율과 에너지 시스템 통합을 포함하는 에너지 분야 솔루션 적용 건수가 가장 많다.

여러 가지 스마트시티 프로젝트 중에서 '트라이앵귤럼(Triangulum)'은 라이트하우스 프로젝트의 대표 사업이다. 별자리 중 삼각형자리를 뜻하는 '트라이앵귤럼'은 그 이름에서 추측할 수 있듯이, 세 개의 도시를 먼저 스마트시티로 조성하고 이를 바탕으로 다른 세 개 도시로 성과를 확산하는 방식으로 진행되는 프로젝트를 뜻한다. 초기 단계에서는 영국의 맨체스터(Manchester), 네덜란드의 에인트호번(Eindhoven), 노르웨이의 스타방에르(Stavanger)가 참여했다. 이후에 독일 라이프치히(Leipzig), 체코 프라하(Praha), 스페인 사바델(Sabadell)로 사업이 확대되었다. 이 프로젝트의 주 내용은 건물 에너지 소비를 줄이고 신재생 에너지의 사용률을 높이며, 전기 자동차 이용을 확대하는 것이다. 특히 지능화된 에너지 관리 기술과 정보통신 데이터 허브의 적용이라는 특징이 있 다. 주로 에너지 사용과 관련된 친환경 스마트시티 사례라고 할 수 있으며, 결국에는 탄소중립과 기후변화에 기여할 수 있다.

'셰어링 시티(Sharing Cities)' 프로젝트는 공유 경제를 모토로 포르투갈 리스본(Lisbon), 영국 런던(London), 이탈리아 밀라노(Milano)가 참여했다. 이 프로젝트에는 전기를 사용하는 이동 수단 공유가 특징이다. 실제 공유 경제는 스마트시티에서 파급력이 크다. 전기 자동차 공유를 통해 교통 혼잡과 대기 오염을 줄일 수 있다. 그리고 공유 경제 플랫폼이 구축되어 도시 전반에 활용된다면, 전기 자동차뿐만 아니라 다양한 자원을 효율적으로 이용할 수도 있다. 물론 차량 이용을 줄여서 그만큼 온실가스도 덜 배출된다.

도시계획에 적용할 수 있는 사례도 있다. 'R2CITIES' 프로젝트에는 스페인 바야돌리드(Valladolid), 터키 이스탄불(Istanbul), 이탈리아 제노바(Genov)가 참여했다. 이 프로젝트는 에너지 사용을 최소화하는 도시를 만들기 위한 설계, 건설, 관리 정책을 시행했다. 태양광, 자연 환기, 자연광 등의 자연적인 자원을 이용하고 기계 설비의 이용을 최소화하는 저비용의 스마트시티 솔루션을 제공하는 데 초점을 두었다.

스마트시티는 원래 도시 문제 해결을 위해 도입되었는데, 유럽에서는 기후 변화와 탄소중립을 도시의 가장 중요한 문제로 인식하고 있다는 것이 중요하다. 그리고 이를 해결하기 위해서 스마트시티를 추진하는 것으로 볼 수 있다. 따라서 적어도 유럽에서는 스마트시티의 추진이 곧 탄소중립도시를 만드는 것과 방향이 같다.

참고문헌

정승현·김민주(2021). EU 라이트하우스 프로젝트 분석을 통한 스마트시티 실증과 확산을 위한 시사점 도출. ≪LHI Journal≫, 12(2), 1-12쪽.

Schwab, K.(2017). *The fourth industrial revolution.* New York: Crown.

04
건물 에너지 관리와 탄소중립

스마트 빌딩은 인공지능을 활용해 에너지 사용을 최적화함으로써 탄소중립에도 기여한다. 이러한 스마트 빌딩은 계속해서 늘어나고 있으며, 기술 발달로 에너지 저장과 공유까지 구현 가능하게 되었다. 전체 온실가스 중 건물 부문에서 배출되는 양이 상당하므로, 스마트 빌딩의 확대를 통해 도시 전체에서의 탄소중립을 앞당길 수 있다.

AI와 사주?

탄소중립에 기여하는 스마트 빌딩

미국 캘리포니아주 쿠퍼티노에는 UFO 모양의 거대한 건물이 있다. 바로 애플(Apple)사의 사옥 '애플 파크(Apple Park)'다. 스티브 잡스가 설계 초안을 잡은 이 건물은 신재생 에너지로 가동되는 세계에서 가장 에너지 효율이 높은 건물 중 하나라고 한다. 에너지뿐만 아니라 건물 내부도 인공지능을 비롯한 최신 기술들이 적용되어서 대표적인 스마트 빌딩으로 불린다. 스마트 빌딩은 건축, 통신, 사무 자동화, 빌딩 자동화의 네 가지 시스템을 유기적으로 통합해 첨단 서비스를 제공함으로써 경제성, 효율성, 쾌적성, 기능성, 신뢰성, 안전성을 추구하는 건물을 말한다.

스마트 빌딩은 냉난방, 조명, 전력 시스템을 자동화해 에너지 소비와 생산을 최적화할 수 있다. 그리고 실내 온도를 자동으로 제어해 최적의 근무 환경을 유지할 수 있다. 첨단 기술을 업무 수행 과정에 도입할 경우 건물이 사무 자동화를 지원할 수도 있다. 건물로의 출입과 외부로부터의 보안 관리 부문에 사물 인터넷, CCTV 등을 활용할 수도 있다. 재난 · 재해와 화재 발생 시에도 건물 내부에 있는 사람들의 안전을 확보하기 위한 설비와 기능도 갖추고 있다. 한마디로 스마트 빌딩은 첨단 기술을 활용해 모든 방면에서 기존 건물과 차별화되는 성능 향상을 목표로 한다.

스마트 빌딩의 핵심 BEMS

2011년 9월 15일 무더위로 인해 전력 수요가 몰리면서 곳곳에서 정전 사태가 발생한 적이 있다. '블랙아웃'으로 불리는 이 갑작스런 대규모 정전 사태로 인해 국내 기업들은 막대한 피해를 입었다. 이후 전력 수요의 중요성을 인식한 국내 기업들은 사옥에 에너지 효율화를 위한 시스템을 속속 도입했다. 그 시스템이 바로 건물 에너지 관리 시스템이라 불리는 BEMS(building energy management system)다.

BEMS는 건물 부문에 건설, 정보통신, 에너지 기술을 융합한 것으로, 건물 내 에너지 사용 기기에 센서 및 계측 장비를 설치하고 이를 통신망으로 연계한 시스템을 말한다. BEMS는 총 네 가지 부문으로 구성된다. 건물 내의 각종 에너지 이용 정보를 센서 등을 통해 수집하는 계측, 수집된 정보를 실시간으로 확인하는 모니터링, 에너지 사용 효율성을 최대화하기 위한 분석, 마지막으로 에너지 사용량 자체를 줄이는 최적화 제어로 구분할 수 있다. 이 같은 BEMS를 통해 기업들은 기존 대비 10~30%

수준의 에너지 절감 효과를 보고 있다. 최근에는 사물 인터넷, 클라우드 컴퓨팅, 빅데이터, 인공지능과 같은 지능 정보 기술의 발달로 에너지 사용량을 좀 더 정확하게 예측하고 제어할 수 있어 투입 대비 효과와 효율성은 더욱 높아졌다.

에너지사용을 효율화한다는 것은 곧 온실가스 배출을 줄인다는 것으로, 스마트 빌딩의 보급과 BEMS의 확산은 탄소중립도시를 앞당기는 길이 될 수 있다. 그리고 스마트 빌딩의 BEMS를 구축하고 운영하는 데 인공지능 기술이 핵심적인 부문을 수행하고 있어서 결국 인공지능 기술의 발전이 온실가스 감축에 기여하고 있다고 볼 수 있다. 더욱 기대되는 것은 스마트 빌딩이 제공하는 다양한 편익과 환경적으로 긍정적인 부분들이 인공지능 기술 적용으로 더욱 늘어나고 고도화되고 있다는 점이다.

스마트 빌딩의 사례

프랑스의 슈나이더 일렉트릭(Schneider Electric)은 에너지 관리 및 자동화 분야의 전문 기업이다. 프랑스 파리 근교의 뤼에유 말메종(Rueil-Malmaison)에 위치한 본사 건물인 '르 하이브(Le Hive)'는 전 세계에서 에너지를 가장 효율적으로 사용하는 스마트 빌딩의 대표적인 사례로 유명하다. 건물 곳곳에 설치된 센서를 통해 내부의 온도와 밝기를 측정할 수 있으며, 측정치들은 CCTV 영상과 함께 중앙관제센터로 실시간 전송된다. 전송된 정보를 바탕으로 사용자가 없거나 과도한 전력이 사용되는 곳을 알아내 전원을 차단하거나 에너지 공급을 조절하는 방식으로 건물을 운영하고 있다. 또 에어컨을 켜면 자동으로 블라인드가 내려와 내부 온도가 올라가지 않도록 돕고, 실내가 밝으면 조명이 알아서 꺼지는 것은 기본이다. 르 하이브는 이를 통해 건물 전체 에너지 소비량을 기존의 1/4 수준으로 줄였다.

미국 텍사스주 휴스턴의 '펜조일 플레이스(Penzoil Place)'라는 건물은 1975년에 건립된 오래된 건물이지만 내부는 최첨단을 자랑한다. 이 건물에는 에너지 사용량을 추적하기 위한 10만 개 이상의 센서가 설치되어 있다. 직원들이 조명 끄는 것을 잊었거나 수도꼭지를 틀어 놓고 퇴근을 하더라도 에너지 사용량을 추적 분석해서 원격으로 수도꼭지를 잠그고 조명을 끈다. 이를 통해 62%에 달하는 에너지를 절감하고 화장실 내 물 사용량을 30% 줄였다고 한다.

네덜란드의 글로벌 회계 법인 딜로이트(Deloitte)의 유럽 본사 건물인 '디 엣지 딜로이트(The Edge, Deloitte)'

는 첨단 기술과 친환경 기술이 접목된 최고의 스마트 빌딩으로 소개되고 있다. 건물의 지붕에는 6만5000제곱피트의 태양광 집열판이 설치되어 에너지를 생산하고, 지붕에서 모아진 빗물은 화장실과 정원 용수로 사용한다. 건물 내부에는 3만 개의 센서가 통합되어 사람들의 움직임, 조명 밝기, 온도, 습도를 측정하고, 측정한 정보를 바탕으로 에너지 공급을 자동으로 조절한다. 자체 생산된 에너지와 인공지능 기술로 최적화된 에너지 사용을 통해 수요에 비해 과생산된 전력은 인접한 건물에 제공하기도 한다. 그리고 이 건물은 스마트 빌딩이 업무 생산성 향상에도 기여한 사례이기도 하다. 모든 직원들은 스마트폰을 통해 빌딩 시스템에 접속할 수 있다. 앱을 이용해 여유 주차 공간이나 비어 있는 책상 또는 다른 동료들을 찾을 수 있다. 각자가 가진 스마트폰의 모바일 앱을 통해 업무 공간의 온도와 조명 밝기를 조절하는 건 기본이고, 회의 장소를 실시간으로 예약할 수도 있다.

스마트 빌딩과 관련해서 특별한 기술이 적용된 사례도 있다. 독일 항구 도시 함부르크(Hamburg) 남쪽에 위치한 작은 도시 빌헬름스부르크(Wilhelmsburg)에는 조류를 이용해 에너지를 생산하는 세계 최초의 건물이 있다. 이 건물은 조류가 채워진 '바이오 파사드(Bio Facade)'

라는 외벽에서 에너지를 공급받는다. 바이오 파사드의 미세 조류가 태양 에너지을 받고 자라면서 바이오매스가 생성된다. 바이오매스는 생물 유기체에서 나오는 에너지로, 바이오 파사드에서 생산된 열과 에너지는 건물 내에 전기와 온수를 공급하는 데 사용된다. 그뿐만 아니라 사용 후 남는 에너지는 저장도 할 수 있으며 증식된 미세 조류 바이오매스는 외부에 판매하기도 한다.

우리나라에서도 인공지능을 이용해 에너지 사용의 효율을 향상시킨 사례가 있다. 부산 에코델타시티는 스마트시티 국가 시범 도시로, 이곳의 첫 입주 단지가 바로 에너지 공유 주택인 '스마트빌리지'다. 이곳에서는 기본적으로 태양광, 수열, 지열 등의 신재생 에너지를 활용해 에너지를 생산하고 생산된 에너지를 공유하는데, 이곳에도 인공지능을 이용한 에너지 공급과 사용의 최적화 기술이 적용되었다. 인공지능 학습을 통해 생산되는 에너지, 소비되는 에너지, 공유하거나 저장해야 하는 에너지 용량을 최적화하고, 이를 주택 단지 운영에 적용하는 것이다.

건물 부문 온실가스 감축의 중요성

지금까지 살펴본 스마트 빌딩들은 건물에서의 에너지

관리를 위해 에너지의 생산, 센서를 이용한 실내 활동 정보의 수집과 이를 이용한 성능 최적화, 에너지 사용량 절감이라는 공통점이 있다는 것을 알 수 있다. 그리고 인공지능은 이를 위한 기본적인 기술로 적용되고 있다. 건물은 냉난방, 조명, 환기, 상수 공급과 하수 처리, 전기 에너지의 공급과 관리 등 탄소 배출과 관련된 다양한 요소들을 담고 있는 복합체다. 건물 단위에서의 탄소중립이 가능하다면, 건물들로 구성된 도시에서의 탄소중립도 달성할 수 있다.

국내에서는 에너지 총 사용량의 약 20% 이상을 건물 부문에서 사용하고 있다. 이 비율은 선진국일수록 더 높아진다. 서울시의 경우에는 에너지 총 사용량의 50% 이상을 건물에서 소비하고 있다. 그만큼 탄소중립도시에서 건물, 즉 스마트 빌딩의 중요성이 높다는 것을 의미한다. 이 같은 스마트 빌딩은 탄소중립도시를 통해 해결하고자 하는 도시 문제 중 하나인 에너지 고갈과 부족에 대한 대안을 제시하고 있다. 가정에서의 에너지 관리, 기업용 건물의 BEMS, 그리고 각 건축물이 모인 도시 차원의 에너지 관리 체계까지 인공지능의 확대 적용은 탄소중립도시의 에너지 관리와 최적화 대안이 될 수 있다.

참고문헌

KT 에스테이트(2017.11.16). 빌딩의 알파고화 에너지 관리도 보안도 '척척'.
https://m.post.naver.com/viewer/postView.nhn?volumeNo=10599125&memberNo=38249019&vType=VERTICAL

EBS(2018). 과학다큐 비욘드-도시의 미래, 스마트시티.
https://www.youtube.com/watch?v=uDlVGQHN7IA&t=9s

05
모빌리티 혁명과 탄소중립

인공지능 기술은 지능화된 차량들을 제어해 안전하고 빠른 교통 흐름을 만들어 내어 정체로 인해 발생하는 온실가스 배출을 획기적으로 줄일 수 있다. 그리고 자율 운행 자동차는 온실가스를 최소로 발생시키는 안전하면서도 경제적인 주행으로 에너지 소모와 온실가스 배출을 줄인다. 거기에 수요 응답형 버스는 승객 맞춤형 노선과 운행을 통해 기존 대중교통 노선의 비효율을 개선할 수 있다.

AI와 아이돌?

신호등이 없는 교차로

자동차를 운전하다 보면 정체 구간에 진입했을 때가 있다. 차가 거북이 속도로 움직이거나 멈춰 있게 되는 상황은 답답하다. 약속된 시간이 가까워지고 늦어질 것 같은 상황이 되면 차를 몰고 나온 것을 후회하는 지경에 이르게 된다. 대중교통에 비해 자가용 승용차를 이용하는 것은 개인적인 공간이 제공하는 안락함과 원하는 목적지에 갈 수 있다는 편리함이라는 있지만, 예상치 못한 사고나 정체가 발생할 경우에는 시간적 · 금전적 손해가 발생할 수 있다. 그런데 여기서 더 중요한 부정적인 영향이 있다. 바로 온실가스의 배출이다.

내연 기관을 이용하는 차량은 디젤과 가솔린 같은 화석 연료를 연소시켜 발생하는 힘으로 움직이게 된다. 당연히 매연과 함께 온실가스가 공기 중으로 배출된다. 따라서 운행 시간이 길면 길수록 그에 비례해 온실가스 배출도 늘어나는 것이다. 예를 들어 정체 구간이 발생해 차량이 멈춰 서게 되면 그 자리에서 계속 온실가스를 배출하게 된다. 그뿐만 아니라 특정 속도 이하로 운행하거나 초과해 운행할 때도 기준보다 많은 온실가스를 배출하게 된다. 그렇다면 도로에 내연 기관을 사용하는 차들만 움직인다고 가정했을 때 온실가스 배출을 최소화하기 위해서는 어떻게 해야 할까?

신호등이 없는 교차로를 상상해 보라. 이 교차로에는 신호등이 없지만, 자동차들은 멈춰 서지 않고 교차로를 통과하고 있다. 심지어 어떤 접촉 사고도 일어나지 않는다. 교차로가 없음에도 차량 정체가 발생하지 않고, 차들은 사고 없이 자연스럽게 이동한다. 그 원인은 인공지능을 통해 차량 흐름을 완벽하게 통제하고 있기 때문이다. 물론 각각의 자동차들은 자율 주행으로 움직이고 있는 상태다. 여기에 C-ITS(cooperative-inteligent transpot systems) 기술이 적용되어 도로상의 차들 간에도 정보가 교환되고, 교차로의 상황 정보도 그곳을 이용하는 차에 전송되어 최적의 운행 조건을 만들게 된다. 당연히 이런 과정에는 인공지능 기술이 전반적으로 적용되고 있다. 이렇게 되면 정체가 발생하지 않기 때문에 현재와 비교해 획기적으로 온실가스 배출 저감을 달성할 수 있을 것이다.

탄소를 줄이는 자율 주행

자율 주행 자동차는 라이다(lidar)와 레이어(radar), 초음파 센서, 카메라, 그리고 차량 및 주변 사물과 정보를 주고받는 차량 사물 통신(vehicle to everything, V2X)과 같은 주변 환경 인식에 필요한 다양한 종류의 센서와 통신 장비를 장착하고 있다. 그리고 위성 위치 확인 시스템인 GPS(global positioning system)과 고정밀 도로 지도를 토대로 운전자의 개입 없이 인공지능의 도움으로 차량 스스로 제어가 가능하다. 이러한 자율 주행의 수준은 일반적으로 국제자동차기술자협회(SAE International)에서 표준으로 규정한 단계를 준용해 판단한다. 어떠한 자율 주행 기능도 제공하지 않는 레벨 0에서부터 운전자가 없는 상태에서의 완전 자율 운행이 가능한 레벨 6의 총 6단계로 구분할 수 있다. 이러한 완전 자율 운행이 되기 위해서는 인공지능 기술이 핵심적인 역할을 수행하는데, 그렇다면 자율 운행과 탄소중립은 어떤 관련이 있을까?

자율 운행은 단순히 스스로 차가 움직이는 것만을 의미하지는 않는다. 개인의 운전 습관은 탄소 배출량에 상당한 영향을 미친다. 일정한 속도 유지, 적절한 차량 유지 관리, 불필요한 공회전 방지는 에너지를 줄일 수 있는 운전 습관이다. 자율 주행은 이를 고려해 안전하고 쾌적하면서도 탄소중립을 최소화할 수 있는 방식으로 운행한다. 규정 속도를 비롯한 운전 법규를 준수하는 것은 물론이고, 에너지를 적게 소모하는 운행을 추구한다. 운전

자들은 경제 운전이나 에코 드라이브(Eco-drive)라는 용어를 알 것이다. 경제 운전은 기본적으로 안전한 운전 습관으로 교통사고 발생 가능성을 줄일 수 있고, 연료를 절감해 운전자가 경제적인 이익을 볼 수 있으며, 그로 인해 궁극에는 온실가스 저감으로 이어지는 것이다. 한국교통안전공단에 따르면, 경제 운전 요령을 실천한다면 승용차 1대당 연간 1만5000km 주행 시 386.9리터의 연료를 절약할 수 있고 리터당 1500원의 연료비를 적용하면 약 58만 원의 비용을 절약할 수 있다고 한다. 이를 우리나라 전체로 계산하면 10~30%의 연료 소비를 줄일 수 있는데, 금액으로는 6조 원에서 15조5000억 원에 이르는 큰 금액에 해당된다. 이 말은 결국 인공지능 기술이 적용된 자율 주행이 전체 차량에 적용된다면 경제 운전으로 10~30%의 온실가스 배출을 줄일 수 있다는 것과 같다. 온실가스 배출뿐 아니라 교통사고 감소로 인한 피해액 감소, 연료비 감소에 따른 재정 확보를 통해 탄소중립을 위한 사업에 재투자도 할 수 있게 된다.

자율 주행은 교통 관리 측면에서도 에너지 절감과 온실가스 배출 감소에 기여한다. 자율 주행 차량은 노선을 정할 때 탄소 배출을 가장 줄일 수 있는 최단거리나 최단시간을 제시할 것이다. 이 또한 인공지능 기술을 이용해 과거 교통량 정보를 학습한 뒤 그 결과를 바탕으로 최적의 대안을 제시하는 것이다. 차량용 네비게이션의 활용이 보편화된 상황에서, 네비게이션이 제시하는 경로를 자율 주행 차량별로 최적화해 제공할 경우 원활한 교통 흐름에 기여해 에너지 소비와 온실가스 배출을 줄일 수 있는 것이다

수요 응답형 대중교통 시스템

개인 차량을 이용하는 것보다 대중교통을 이용하면 온실가스 배출을 줄일 수 있다는 것은 많은 사람이 알고 있다. 개인이 자가용 승용차를 이용하는 것보다 대중교통수단이 더 많은 인원을 수송할 수 있어서 경제적일 뿐 아니라 상대적으로 온실가스 배출이 적기 때문이다. 실제 버스의 경우 전기와 수소를 사용하는 친환경 차량으로 많이 교체되었고, 고속 철도와 지하철도 전기를 이용해 움직인다. 이와 관련한 흥미로운 연구 결과가 있다. 우리나라 각 도시별로 온실가스 배출량을 인구수로 나눈 1인당 배출량을 조사해 본 결과, 수송 부문의 경우 대도시로 갈수록 배출량이 낮고, 지방 중소 도시들의 배출량이 높게 나타났다. 이는 대도시가 지하철 건설을 비롯한 대중교통 시스템이 비교적 잘 갖춰진 것에 비해 지방 도시

들은 개인 승용차 이용 비율이 높은 데 기인한 것으로 볼 수 있다. 하지만 지방 도시에 막대한 비용이 드는 지하철을 건설하기는 현실적으로 어렵고 대중교통 시스템을 무작정 확대하는 데도 이용객이 제한적인 상황에서는 한계가 있다.

가장 대표적인 대중교통 수단인 버스는 사전에 정해진 경로와 정류장 위치를 기준으로 운행한다. 버스 노선은 가장 승객이 많은 지점들을 중점적으로 연결하되 최대한 많은 지역을 경유할 수 있도록 설정되어야 한다. 그런데 어떤 구간과 지점의 경우 특정 시간대나 시기에만 승객들이 있을 경우 어떻게 해야 할까? 평소에 승객이 존재하지 않는 구간임에도 노선이라는 이유로 버스를 운행하는 것은 에너지 소비 관점에서 비효율적임이 틀림없다. 하지만 그렇다고 그런 노선을 무작정 폐지하면 대중교통 서비스에서 소외되는 지역이 발생하게 된다. 여기에 더해 최근 지방 도시는 인구 감소로 대중교통을 이용하는 사람들도 줄어들고 심각한 경우 승객 없이 텅 빈 상태로 운행하는 사례도 발생하고 있어서 노선 축소에 대한 문제가 제기되고 있는 실정이다.

이 경우 찾아가는 대중교통 수단인 수요 응답형 버스(demand responsive transit, DRT)가 대안이 될 수 있다.

수요 응답형 버스를 이용하려면 앱을 통해 출발지, 목적지, 출발 시간을 설정하고 원하는 출발 장소 인근 정류장으로 이동하면 된다. 수요 응답형 버스는 탑승을 신청한 승객들의 이동 경로를 분석해 도출된 최적의 노선을 따라 운행하게 된다. 이렇게 되면 불필요한 경로로 이동하는 것이 사라지고 승객 맞춤형으로 경유지를 최소화해 이동할 수 있다. 마치 이동 방향이 비슷한 승객을 태우는 택시 합승과 같은 효과를 얻을 수 있는 것이다. 당연히 운행을 통해 기존 버스 이동에 적은 에너지를 사용하고 온실가스 배출도 그만큼 줄일 수 있다. 이러한 수요 응답형 버스를 운영하면서 운행 정보가 쌓이게 되면, 학습을 통해 시간별·장소별 승객의 승하차 패턴도 예측할 수 있어 운행 효율 향상도 기대할 수 있다.

모빌리티 혁명은 진행 중

탄소중립도시에서 수송 부문이 차지하는 비율은 매우 높다. 도시의 공간 구조를 압축형으로 만들게 되면 이동 거리를 줄일 수 있어 탄소 배출 또한 감소시킬 수 있는 것처럼 이동은 온실가스 배출에 민감한 부분이다. 다행히 이러한 수송 부분에서의 탄소중립도시를 위한 혁신 노력은 타 부문에 비해 가장 다양하게 진행되고 있으며,

인공지능 기술은 그러한 시도의 중요한 핵심으로 작동하고 있다.

내연 기관 차량들이 하이브리드, 전기, 수소 자동차 등 친환경 교통수단으로 전환되고 있으며, 대중교통 이용에 있어서도 수요 응답형과 같은 맞춤형으로 진화하고 있다. 마지막 대중교통 수단 이용 지점과 최종 목적지까지의 거리를 뜻하는 라스트 마일(last mile) 구간의 이용을 위해 개인용 이동 수단인 PM(personal mobility)도 이제 보편화되고 있다. 거기에 개인 차량 이동을 줄이기 위한 차량 공유도 시장 확대를 추진 중이다.

이러한 모빌리티 혁명이 추구하는 방향의 끝은 개인의 이동 편의뿐만이 아니라 온실가스 배출 절감을 통한 탄소중립도시의 구현을 향하고 있다. 그리고 이를 실현하기 위한 방안으로 4차 산업 혁명의 다양한 기술, 그중에서도 인공지능이 핵심 역할을 하고 있는 것이다.

참고문헌

양혜미· 송재민(2017). 에너지 소비특성에 따른 도시 유형화 및 유형별 특성 분석. ≪한국지역개발학회지≫, 29(3), 114~134쪽.

Park, J., & Jung, S.(2024). Exploring urban compactness and greenhouse gas emissions in the road transport sector: A case study of big cities in South Korea, *Sustainability*, 16(5),

pp.1911-1922.
한국교통안전공단 에코드라이브 홈페이지.
https://www.kotsa.or.kr/ecodriving/index.jsp

06
탄소공간지도의 구축과 활용

과학적 근거에 기반한 탄소중립도시의 계획과 운영을 위해 온실가스 배출과 흡수 정보를 공간 단위로 시각화한 탄소공간지도를 구축했다. 탄소공간지도는 인공지능 기술을 활용해 건물, 수송, 흡수원 부문의 배출과 흡수 정보를 고도화할 계획이며, 분석과 시뮬레이션 모델 개발을 통해 탄소중립도시의 계획 수립을 지원할 예정이다.

AI와 야구?

탄소공간지도 구축 배경

지구 온난화로 인해 지구의 평균 기온이 상승하면서 발생하는 재난 · 재해 등의 현상들을 과거에는 '기후 변화'로 불렀지만, 이제는 그 심각성에 대한 인식이 확산해 '기후 위기'라는 표현이 보편적으로 사용되고 있다. 우리나라도 기후 위기에 대한 국제 사회의 노력에 발맞추어 적극적인 온실가스 감축 정책을 시행하고 있다. 교토 의정서 체결 당시 개발 도상국으로 분류되어 온실가스 감축 의무 대상이 아님에도 자발적으로 온실가스 감축에 동참했고, 2016년에는 파리 기후 협약을 비준하고 2030년까지 온실가스 배출량을 2018년 대비 26.3% 감축하려는 계획안인 '2030 국가 온실가스 감축 목표(nationally determined contribution, NDC)'를 제출했다. 그리고 2020년 10월에는 국제 사회가 '2050 탄소중립 목표'를 선언함에 따라 우리나라도 그 후속 조치로 국제 사회에 감축 의지를 명확화하기 위해 기존의 NDC를 상향했다. 현재 우리나라의 온실가스 감축은 2018년 배출량 대비 2030년까지 40%를 감축하는 도전적인 목표가 설정되어 있다. 그리고 2021년 9월에는 「기후위기 대응을 위한 탄소중립 · 녹색성장 기본법」(이하 「탄소중립기본법」)이 제정되고 2022년 3월 시행됨에 따라 우리나라는 2050

탄소중립 목표를 법제화한 14번째 국가가 되었다.

「탄소중립기본법」에서는 중장기 감축 목표 달성을 위해 20년을 계획 기간으로 하는 '국가 탄소중립 녹색성장 기본계획'(이하 '국가기본계획')을 5년마다 수립 · 시행하도록 하고 있다. 시도지사와 시군구의 광역 및 기초 지자체에서도 10년을 계획 기간으로 하는 탄소중립 기본계획을 5년마다 수립 · 시행하도록 의무화했다. 그리고 「탄소중립기본법」 제정 이후 다음해 공표된 시행령에서는 온실가스 감축 목표 설정과 이행 점검, 탄소중립 기본계획의 수립, 온실가스 감축 시책 등에 대한 세부 내용을 담았다. 「탄소중립기본법」과 시행령에 포함된 온실가스 감축 시책 중 공간 계획 분야에서 주목할 점은 '탄소공간지도'의 구축 관련 사항이다. 시행령 제39조에서는 지역과 공간 단위의 온실가스 배출량과 흡수량 등의 정보를 반영한 공간 정보 및 지도를 작성하도록 해 관리의 근거가 마련되었고, 해당 업무의 위탁에 대한 사항도 시행령 제74조에 규정했다.

한편, 2050 탄소중립 시나리오를 비롯해 정부에서 시행 중인 다양한 탄소중립 정책들은 건물, 수송, 산업 부분에서의 감축과 함께 도시 공간 자체를 탄소 저감형으로 조성하기 위한 공간 계획 수립에 대한 부분도 강조하고 있다. 그러나 계획 수립을 위해 필요한 온실가스와 관련된 공간 정보의 미비로 공간 계획 관련 정책을 수립하는 데 한계가 있었다. 환경부가 총괄 관리하는 온실가스 인벤토리도 에너지 연소, 산업 공정 등 배출원 중심으로 작성되어 있고, 전체 지자체 단위의 총량을 제시하고 있어 개별 공간 단위 감축 계획 수립에 활용하는 데도 어려움이 있다. 이 같은 상황에서 2021년 말 국토교통부에서는 도시의 기본적인 공간 구조와 장기 발전 방향을 제시하는 법정 계획인 '도시 · 군기본계획수립지침'에 탄소중립을 위한 계획 요소를 반영해 개정했다. 20년 단위 장기 계획인 도시 · 군기본계획도 「탄소중립기본법」에 의한 국가기본계획과 정합성을 유지해야 하는데, 이를 위해 탄소 감축에 유리한 공간 구조의 형성, 온실가스 감축 목표 제시, 최근 5년간의 온실가스 배출과 흡수량 파악, 탄소중립 달성을 위한 적정 규모와 용도의 토지 수요 예측 등 탄소중립도시를 위한 계획 수립 내용들을 담은 것이다. 그러나 기본적인 도시의 탄소 배출 관련 정보 확보도 어렵고, 관련 계획을 수립할 수 있는 기법과 도구도 마련되지 않은 상황이었다. 따라서 지역 단위 탄소중립 계획을 지원하고 탄소중립형 공간 계획 수립을 위한 기반으로서 탄소공간지도의 구축 필요성이 제기되었다.

탄소공간지도 구축 과정

국토교통부에서는 도시계획 수립 시 탄소중립 개념과 계획 요소를 담는 탄소중립도시계획 수립을 위한 기반으로 2022년 8월 탄소공간지도 시스템 구축에 착수했다. 한국건설기술연구원의 주관으로 2022년 말 1차로 탄소공간지도 시스템 구축을 완료하고, 이듬해 2월 22일부터 4월 7일까지는 지자체를 대상으로 시범 운영 기간을 가졌다. 시범 운영을 통해 지자체로부터 다양한 개선점에 대한 의견을 접수했고, 이에 대한 보완을 통해 운영기관인 한국국토정보공사에 시스템 이관과 최적화를 마무리하고 2023년 6월 30일 일반에게 공개되었다.

현재 운영 중인 탄소공간지도 시스템은 건물, 수송, 흡수원의 세 가지 부문에 대해서 온실가스 배출과 흡수 정보를 제공하고 있다. 다만, 탄소공간지도에서 온실가스 배출은 엄밀히 말하면 해당 공간에서의 배출량을 의미하는 것이 아니라, 그만큼의 온실가스를 배출하는 데 기여한 활동으로 볼 수 있다. 예를 들어 건물 부문에서는 전기, 가스, 지역난방 사용량을 이용해 탄소 배출량을 계산하는데, 전기 사용은 해당 위치에서의 온실가스 배출이 아닌 전기를 생산하는 발전소와 같은 발전원에서의 온실가스 배출에 기여하게 된다. 따라서 탄소공간지도

시스템에서 온실가스 배출은 '온실가스 배출 활동'으로, 온실가스 흡수는 '온실가스 흡수 성능'으로 재정의했다. 이는 향후 공간 계획과 정책에서 다루는 온실가스 감축의 대상이 건물에서의 에너지 사용과 차량에 의한 이동과 같은 도시활동이 되기에 도시에서 온실가스를 줄이기 위해서는 온실가스 배출에 영향을 주는 이들 활동을 제어하는 것이 필요하기 때문이다. 즉, 현재 구축된 탄소공간지도는 도시계획 수립을 지원하기 위한 목적으로 구축된 것이다.

인공지능 기술을 활용한 탄소공간지도 발전 방향

탄소공간지도의 각 부분별 데이터 구축 방법을 살펴보면, 먼저 건물 부문은 부동산원에서 제공하는 각 필지별 전기, 가스, 지역난방 사용에 다른 탄소 배출량을 계산해 공간 지도화했다. 이때 에너지 사용량 정보를 이용한 개인 정보 문제가 있을 수 있어서, 구축된 자료는 격자화를 통해 비식별 조치했다. 격자 크기는 1km, 500m, 100m 단위로 구축해 지도 탐색 영역에 맞게 격자 크기를 선택할 수 있다. 수송 부문은 주요 도로를 중심으로 인공지능 기술이 적용된 모델을 활용해 도로 구간상의 교통량, 운행 차종, 속도 정보를 추정 구축할 수 있고 이를 이용해 탄소 배출량을 계산했다. 흡수원은 산림청 임상도에서 제공하는 나무 종류(수종), 나이(임령), 높이(수고) 정보를 이용해 구축했으며, 향후 인공지능 기술을 통해 보다 정밀한 규모에서의 흡수 성능을 예측할 수 있는 모델을 개발할 계획이다.

이렇게 구축된 탄소공간지도는 향후 고도화를 통해, 구축되는 온실가스 공간 정보의 정밀도를 확보하고 정보에 대한 접근성을 향상시킬 예정이다. 현재 탄소공간지도의 격자 해상도는 1km에서 100m 수준으로 제공되고 있다. 연구 개발을 통해 이 해상도는 10m 수준까지 높일 계획이다. 단순히 격자의 해상도를 높이는 것이 아니라, 격자로 구축되는 정보의 정밀도 수준을 높이는 것이다. 건물 부문에서는 에너지 사용량 정보의 수집 단위에 기반해 온실가스 배출량을 산정하고 있다 보니, 넓은 부지를 가진 공동 주택과 같은 집합 건축물의 경우 격자 하나에 모든 배출량이 표현되고 있고, 에너지 연소 외에 폐기물 배출과 산업 생산, 농축산 활동에 의한 배출량 또한 고려해야 하는 과제가 남아 있다. 그리고 수송 부문은 현재 주요 간선 이상 도로망의 교통량을 이용해 수송 부문 온실가스 배출을 공간 정보로 구축했다면, 앞으로는 내부 상세 도로망까지 인공지능 기술을 통해 온실가스 배출을 예측해 표출할 수 있도록 정밀도를 향상시킬 계획이다.

탄소중립도시에서의 활용과 기대 효과

건물 에너지 효율화, 전기 자동차의 보급, 산업 공정의 혁신을 통한 탄소 배출 저감 등 다양한 분야에서 탄소중립을 위한 노력들이 시행되고 있지만, 정작 탄소 배출을 최소화할 수 있는 도시 공간의 근본적인 틀을 바꾸는 노력은 많지 않았다. 탄소 배출을 최소화할 수 있는 도시 공간이 구축되는 것은 도시의 기본 구조와 체질을 탄소중립형으로 바꾸는 걸 의미하며, 이를 지원하기 위한 시뮬레이션 기법의 개발과 보급이 필요하다.

탄소공간지도를 기반으로 탄소중립도시의 계획 수립 지원 기술이 개발되어 확대 보급되면 일선 지자체에서의 탄소중립도시계획 수립 시 활용할 수 있을 것이다. 현행 도시·군기본계획 수립 내용에 담겨야 하는 탄소 배출 감축 목표의 설정, 탄소 배출을 최소화할 수 있는 도시 공간 구조의 설정, 탄소중립도시계획 요소의 적용 기법이 계획 수립 지원 기술에 포함된다. 그리고 계획 수립 이후에 탄소 감축에 대한 모니터링과 개별 개발 사업 단위에서의 탄소중립 수준을 시뮬레이션할 수 있는 기능도 탄소중립도시계획을 지원하게 될 것이다.

탄소공간지도 구축은 향후 탄소중립도시계획 수립을 위한 시작에 불과하다. 앞으로 도시 내 발생하는 탄소 배출 활동들을 보다 정확하고 정밀하게 반영하고, 탄소중립도시계획 수립을 위한 과학적 근거를 제공할 수 있을 때 탄소공간지도는 탄소중립도시의 계획과 운영을 위한 핵심 수단으로서 그 효용성이 빛을 발할 수 있다.

참고문헌

한국건설기술연구원(2023). 『탄소공간지도 기반 계획지원 기술개발 연차보고서』. 국토교통과학기술진흥원.

국토교통부 탄소공간지도. http://www.carbonmap.kr

07
탄소중립도시의 계획과 관리

탄소중립에 유리한 공간 구조인 압축 도시를 조성하기 위해서는 복합 용도 개발, 대중교통 지향 개발이 필요하며, N분 도시와 같은 생활권 중심의 도시계획은 탄소중립도시를 구현하기 위한 실행 목표를 제시해 준다. 그리고 이러한 탄소중립도시의 계획 수립 과정에서 인공지능과 빅데이터는 과학적 근거에 기반한 대안을 만들고 평가하는 데 중요한 기여를 하고 있다.

AI와 윤동주?

과학적 근거에 기반한 도시계획 수립

도시는 한번에 만들어지는 것이 아니라, 계속해서 성장하고 변화하는 과정상에 있다. 완성되는 순간이 존재할 수 없고 계속해서 관리하고 운영해야 하는 대상이다. 그래서 일정한 기간을 두고 설정한 목표에 맞게 도시의 장기적 조성 방향과 전략, 실행 계획을 마련해 이행하고 점검하는 방식이 반복된다. 특히 도시계획은 목표가 설정되면 그에 부합하는 도시 공간 구조와 토지 이용, 기반 시설 공급에 대한 사항이 결정되기 때문에 각 단계별로 합리적이고 타당한 근거에 기반한 계획 수립이 필요하다.

도시계획에서 가장 중요한 것은 도시의 미래 지표를 설정하는 것이다. 특히 목표 인구수의 설정은 도시계획을 수립하는 데서 가장 기본이 되는 절차로 이후 진행되는 계획 수립 내용의 시작점이 된다. 길게는 20년을 목표로 설정되는 인구수는 이후 계획되는 토지 이용별 면적과 공급되는 기반 시설의 규모를 결정짓는 기준이 되기 때문이다. 이러한 목표 인구수를 설정하는 데에는 다양한 변수를 고려하는데, 특히 데이터와 과학적 예측 기법이 중요한 역할을 한다. 도시계획 수립과 정책 의사 결정 과정에 있어서 빅데이터와 인공지능 기술은 과학적 근거를 마련하고 활용하기 위한 강력한 도구를 제공할 수 있다.

최근에는 도시에서 수집되는 빅데이터가 도시계획에 유용하게 활용되고 있다. 도시에서 생활하는 도시민들은 많은 흔적을 남긴다. 그러한 흔적들은 빅데이터로 저장되는데, 스마트시티 기술이 적용되면서 축적되는 정보의 종류와 양이 지속적으로 늘어나고 있다. CCTV와 센서, 통신 기술의 발달과 스마트폰 사용이 일상이 되면서 도시 내 도로 구간별 교통량과 차종, 버스와 지하철을 이용하는 승객 수, 상업 시설에서 발생하는 카드 매출액, 각 가정과 건물에서 사용하는 에너지 소비량 등이 어딘가에 수집되어 저장되고 있다. 이러한 데이터들은 위치 정보가 포함되어 있어 공간 빅데이터라는 이름으로 불리는데, 여기에 날씨와 대기 질과 같은 환경 정보가 접목되면 탄소중립도시계획 수립을 위해 필요한 빅데이터가 구축된다.

대표적인 빅데이터로 유동 인구 자료를 들 수 있다. 통계 정보에서는 행정 구역 단위로 등록된 인구 정보를 제공하는데, 이러한 정보들은 실제 도시 공간에서의 사람들 행태를 반영하는 데 한계가 있다. 밤 시간에는 각자의 거주지에 머물고 낮 시간에는 직장이나 학교로 사람들이 이동하게 되는데, 이러한 정보들을 반영하기 위해서는 시간대별 사람들의 이동 정보가 필요하다. 그래서 통신 회사에서는 이동통신 기지국을 통해 수집되는 스마트폰 이용자 정보를 기반으로 인공지능 기술을 적용해 추정한 성별, 나이 등으로 구분된 유동 인구 자료를 빅데이터로 구축하고, 이를 바탕으로 다양한 사업 모델에의 적용을 추진하고 있다. 공간 빅데이터들은 지금도 다양한 분야에서 생성되고 있으며, 앞으로 도시계획에서는 이 공간 빅데이터의 중요성이 더욱 강조될 것이다. 탄소중립도시를 구현하기 위해서는 온실가스를 배출하는 다양한 도시 활동 규모를 파악해야 하고, 이를 바탕으로 온실가스 저감을 위한 정책과 계획 수립의 효과를 인공지능 기술을 적용해 예측해 볼 수 있는 것이다.

탄소 배출을 줄이는 도시 공간 구조

그동안 온실가스를 줄이기 위해 탄소를 배출하지 않는 제로 카본 빌딩의 확산, 전기 자동차의 보급, 산업 공정의 혁신을 통한 탄소 배출 저감 등 다양한 분야에서 탄소중립을 위한 노력들이 시행되고 있지만, 정작 탄소 배출을 최소화할 수 있는 도시 공간의 근본적인 틀인 도시 공간 구조를 바꾸려는 노력은 많지 않았다. 도시 공간 구조는 도시 내 여러 가지 기능과 지역들이 공간적으로 분포하고 위치하는 관계와 형태를 의미한다. 예를 들어 도시의 중심부에는 고층 빌딩으로 구성된 상업 업무 지구가 존재하고 외곽에 주택가가 분포하는 형태는 하나의 도심을 중심으로 동심원적인 형태를 보이는 도시 공간 구조로 볼 수 있다. 그리고 이러한 도심이 여러 개 존재할 경우 다중심 또는 다핵 도시 구조 등으로 불린다. 이러한 도시 공간 구조에 대한 논의는 도시 공간이 성장하는 과정, 그리고 그 과정에서 발생하는 토지 이용 분포와 그 구성에 관한 사회적 · 경제적 관점에서의 다양한 해석을 내놓으면서 전통적으로 현대적인 대도시가 발달한 미국에서 학문 이론으로 정립되기에 이르렀다. 도시 공간 구조는 도시계획 분야에서는 고전적인 이론으로, 학자별로 주요 도시의 공간적 형태와 사회적 현상 등을 해석해 각자의 도시 공간 구조 이론을 발표했다. 어네스트 버제스(Ernest W. Burges)의 동심원 이론(concentric zone theory, 1925년), 호머 호이트(Homer Hoyt)의 선형 이론(sector theory, 1939년), 해리스(Chauncy D. Harris)와 울만(Edward L. Ullman)의 다핵심 이론(multiple-nuclei theory, 1945년)이 가장 대표적이다.

탄소중립에서 도시 공간 구조가 중요한 이유는 도시 형태가 탄소 배출에 영향을 미칠 수 있다는 점이다. 탄소 배출을 줄이는 도시 공간 구조에 대한 논의는 전통적인 논쟁 주제였다. 1989년 피터 뉴먼(Peter W. G. Newman)과 제프리 켄워시(Jeffrey R. Kenworthy)는 전 세계 32개 주요 도시를 분석해 인구 밀도가 높은 도시일수록 1인당 교통 에너지 소비가 낮다는 것을 보여 주고, 이것이 중심부의 밀도가 높은 공간 구조를 가진 도시일수록 교통 이동 거리가 줄어 에너지 소비가 낮게 나타난다고 주장했다. 같은 해 피터 고든(Peter Gorden), 아자이 쿠마르(Ajay Kumar), 해리 리처드슨(Harry W. Richardson)이 함께 발표한 논문에서는 뉴먼과 켄워시의 연구와 다른 결론이 담겼다. 높은 도시 밀도가 에너지 사용을 많게 하는 요인이 될 수 없다는 것이었다. 그들은 세계 도시별 비교를 위해서는 각 도시의 인프라와 생활 양식을 고려해야 하며, 동일한 밀도의 도시라도 그 도시의 생활 수준이 높을수록 통근 통행 이외의 통행이 증가할 수 있다는 것을 주요 논거로 내세웠다. 이들의 논쟁은 탄소중립도시를 추진하는 데서 도시 공간 구조의 중요성을 확인할 수 있는 대표적인 사례로 남아 있다. 이후에도 그들은 각자의 주장을 뒷받침할 수 있는 후속 연구를 1998년과 2001년에 발표했고, 후속 연구자들의 성과도 더해지면서 도시 공간 구조와 에너지 소비, 나아가 탄소중립도시와의 관계는 중요한 연구 분야로 자리 잡게 되었다. 그리고 그들의 논쟁 이후 현대 도시계획에서는 뉴먼과 켄워시의 주장이 더욱 설득력 있게 받아들여져 중론이 되었다.

뉴먼과 켄워시가 말한 인구 밀도가 높은 도시는 압축 도시(compact city)에 해당된다. 압축 도시는 탄소중립 도시에 최적화된 도시 공간 구조로 알려져 있다. 이러한 압축 도시를 구현하기 위한 핵심 개발 기법으로 복합 용도 개발인 MXD(mixed use development)와 대중교통 지향 개발인 TOD(transit oriented development)의 두 가지를 들 수 있다. 도시가 넓게 확산되고 주요 토지 이용들이 상업 지역, 주거 지역과 같이 엄격히 구분되었을 경우 통근 또는 상업 활동을 위한 이동 거리가 증가하기 때문에 그에 따른 이동 에너지가 많이 소비되고 온실가스도 비례해서 배출된다. 그러나 도시의 핵심적인 기능을 중심지에 고밀도로 배치하고 토지 이용을 복합화하는 MXD를 적용하게 되면 용도상의 필요에 의한 이동 거리를 줄일 수 있다. 그리고 지역 간 또는 도심지 간 이동 시 발생하는 에너지 소비를 줄이기 위해서는 대중교통 이용을 유도해야 하는데, 이를 위해서 각 중심지의 개발은 철도역사와 같은 대중교통 거점을 중심으로 진행하는 TOD 기반의 도시계획이 필요하다.

N분 도시와 탄소중립

압축 도시와 함께 탄소중립도시계획 분야에서 중요하게 부각되는 개념이 바로 'N분 도시'다. N분 도시는 프랑스 팡테옹-소르본느대학교 경영대학원의 카를로스 모레노(Carlos Moreno) 교수가 최초로 창안한 '15분 도시(15-minute city)'에서 시작해 전 세계로 확산된 개념으로, 도시민 누구나 걸어서 15분 이내 거리에서 문화, 교육, 의료, 주거, 일자리 등에 접근할 수 있는 근거리 생활권을 조성하는 것이 핵심이다. 이러한 15분 도시 개념은 2020년 프랑스 파리 안 이달고(Anne Hidalgo) 시장이 재선을 위한 공약으로 발표했고, 전 세계 96개 도시가 협력하고 있는 'C40기후도시리더십그룹'에서도 행동 의제로 채택되기에 이르렀다. 이후 전 세계 각 도시 여건에 맞게 15분에서 20분의 보행 생활권을 제시하면서 N분 도시로 불리게 된 것이다.

15분 내로 접근 가능한 범위에서 보행 또는 자전거를 이용해 생활한다는 것은 화석 연료 이용을 최소화한다는 것을 의미하며, 이러한 15분 도시의 개념은 탄소중립 도시를 추구하고자 하는 여러 도시에서 도시계획의 중요한 정책 수단이자 목표로 다루고 있다. 우리나라도 서울, 부산, 제주에서 보행 중심의 생활권으로 도시계획을 수립하고자 하고 있으며 정부에서도 생활권 도시계획을 제도화하기 위한 방안을 준비하고 있다. 이러한 생활권 중심의 도시계획은 탄소중립에의 기여와 함께 지역 공동체의 회복, 생활권별 균형 개발을 통한 원도심의 활성화, 도시 내 휴식 공간으로서의 자연 공간 확보 등과 맞물려 도시 공간을 혁신할 수 있는 계기가 될 것으로 기대된다.

참고문헌

성은영· 강현미· 허재석(2021). 『N분 도시 실현을 위한 도시전략 연구』. 건축공간연구원.

이수진· 허동숙(2021). 프랑스 안 이달고(Anne Hidalgo) 파리시장의 '내일의 도시 파리' 정책공약, ≪국토이슈리포트≫, 32, 1-8쪽.

대한건축학회 온라인 건축용어사전. http://dict.aik.or.kr/

Newman, P., & Kenworthy, J.(1989). Gasoline consumption and cities: A comparison of U.S. cities with a global survey. *Journal of the American planning association*, 55(1), pp.24-37.

Gordon, P., Kumar, A., & Richardson, H.(1989). The influence of metropolitan spatial structure on commuting time. *Journal of urban economics*, 26(2), pp.138-151.

08
탄소중립도시 사례

표면적으로 인공지능 탄소중립도시를 표방한 사례는 많지 않다. 대부분 탄소중립도시를 구현하는 데 인공지능 기술이 부분적으로 기여했거나, 도시의 지속 가능한 미래를 위해 관련 분야 인력을 양성하고 기업을 육성하는 방식으로 추진되고 있다. 이러한 대표적인 탄소중립도시 사례로 석유 이후의 도시를 꿈꾸는 UAE의 마스다르시티와 스웨덴의 말뫼가 있다.

AI와 한의학?

인공지능은 도시 문제 해결의 도구

친환경 도시, 생태 도시, 스마트시티, 그리고 탄소중립도시에 이르기까지 전 세계 유명 도시들은 당대를 대표하는 도시 어젠다를 추구한다. 최근 도시들은 기후 위기의 심각성을 인식하고 탄소중립도시를 만드는 노력에 동참하고 있다. 탄소중립도시를 만들기 위해서는 도시계획과 관리, 인공지능과 빅데이터 같은 기술 적용, 생활 속 탄소중립을 실천하기 위한 캠페인 등 여러 분야의 노력이 수반되어야 한다.

그러나 이 과정에서 인공지능 자체를 도시의 브랜드로 내세우는 사례는 많지 않다. 사실 인공지능은 다양한 도시 문제를 해결하기 위한 수단이지 인공지능 자체가 목적이 아니기 때문이다. 그러다 보니 인공지능을 핵심 기술로 적용한 탄소중립도시를 구현한 도시 사례 또한 찾기 힘들다. 탄소중립도시를 추진하는 데서 인공지능과 같은 4차 산업 혁명의 핵심 기술들은 보편적으로 적용되었다고 봐야 한다. 오히려 각 도시들은 탄소중립도시를 추진하는 데 필요한 사물 인터넷, 자율 주행, 빅데이터, AI 분야의 인력과 기업을 육성해 도시가 탄소중립을 구현할 수 있는 지속 가능한 운영 체계를 구축하는 데 초점을 두고 있다. 오히려 기후 위기라는 도시 문제를 해결하기 위한 수단 중 하나로 인공지능, 빅데이터와 같은 지능 정보 기술을 적극적으로 활용하는 스마트시티 사례는 다수 존재한다.

석유 시대 이후의 도시, 탄소중립도시

중동의 산유국들은 석유를 수출해 막대한 부를 쌓았다. 하지만 화석 연료인 석유가 기후 변화의 주원인으로 지목되었기 때문에 산유국 입장에서는 기존의 부정적 이미지에서 벗어나기 위한 계기를 마련할 필요가 있었다. 그리고 석유가 고갈된 이후 시대인 'Post-Oil Era'에 대한 대비도 필요했다. 친환경 도시, 탄소중립도시의 건설이 바로 그 대안이 되었다. 실제 산유국들은 오일 머니라는 막대한 자금력을 바탕으로, 다른 국가들이 오랜 시간에 걸쳐 진행했던 대규모 도시 건설 프로젝트를 빠르고 과감하게 추진할 수 있었다.

2006년 중동의 산유국 아랍에미리트는 세계 최초의 탄소중립도시 건설을 천명했다. 마스다르시티(Masdar City)로 명명된 이 도시는 화석 에너지 사용 제로를 실현하고 신재생 에너지만 100% 사용하며, 폐기물이 배출되지 않는 탄소중립도시가 목표였다. 여의도보다 조금 작은 6.5㎢의 면적에 4~5만 명을 수용하는 규모로 총 공사비 220억 달러를 투자하는 '마스다르'는 아랍어로 '원천'이라는 뜻이며 전 세계 신재생 에너지 분야의 주도권을 가져가고자 만든 아랍에미리트의 야심찬 계획 중 하나다. 마스다르시티는 생산되고 사용되는 에너지 자체를 신재생 에너지로 모두 충당하기 위해 2009년 세계 최대 규모의 태양열 발전소인 솔라타워를 건설했다. 이 솔라타워에서는 50도에 달하는 뜨거운 태양열을 이용해 물을 끓여 생산된 증기로 터빈을 돌려 전기를 생산한다.

마스다르시티의 특징은 건축과 도시 설계에도 드러난다. 건물을 지을 때 벽을 황토로 만들어 외부로부터의 열을 차단하고, 건물의 상층부를 넓게 만들어 빛의 유입량을 줄였다. 도시 가로에서의 바람 길을 만들기 위해 일부러 건물 간격을 좁혀 바람이 빠르게 흐르도록 유도하는 설계도 적용했다. 건물들은 아랍의 전통 양식을 고수했지만 현대의 첨단 건축 기술과 조화를 추구했다. 건물 재료로 저탄소 시멘트를 90% 사용했고, 재활용 알루미늄 등의 재료도 활용했다. 도시 광장 한가운데에는 마치 도심 속 인공 선풍기와 같은 45m 높이의 윈드타워가 있는데, 내부에 더운 공기를 가두고 물을 분사해 온도를 식힌 뒤 아래로 순환시켜 도시 전체에 시원한 바람을 공급하는 역할을 한다. 이러한 설계로 인해 마스타르시티의 건물들은 기존 대비 40% 낮은 에너지와 용수를 사용해 냉방 비용을 대폭 절감할 수 있다.

도시 내 수송 수단에도 친환경 방식을 사용한다. 마스다르시티 내에서는 내연 기관 차량이 돌아다닐 수 없다. 모든 이동 수단은 전기로 움직인다. 도시 내에서는 주요 거점을 연결하는 전철인 LRT(light rail transit)와 각 거점에서 최종 목적지까지 이어 주는 개인용 전기 자동차인 PRT(personal rapid transit)를 이용할 수 있다. 이 외에도 저상 버스와 시속 25km의 12인승 자율 주행차인 오토넘(autonum) 셔틀을 운행하고 있다. 이 중 PRT는 사전에 정해진 목적지 궤도를 따라서 시속 40km로 움직이는 자율 주행 자동차다.

마스터르시티에는 아랍에미리트가 인공지능 연구 개발의 메카로 육성하고자 2019년에 세운 '빈 자예드 인공지능 대학(Mohamed bin Zayed University of Artificial Intelligence, MIBZUAI)'이 있다. 이 대학에는 머신러닝, 컴퓨터 비전, 기계 학습 등 3개 인공지능 분야를 중심으로 석박사급 글로벌 전문가를 육성하기 위한 커리큘럼이 마련되어 있으며, 학생들에게는 세계 최고 수준의 교수진과 교육 시설, 그리고 전액 장학금 지급 혜택이 주어진다. 이 같이 두바이가 인공지능 기술에 투자를 아끼지 않는 이유는 인공지능이 현재의 기후 위기를 해결하기 위한 대안으로 중요한 역할을 할 것이기 때문이며, 실제 두바이는 국제 사회에서 인공지능을 통한 탄소중립 구현을 강조하고 있다. 2023년 12월 두바이에서 개최된 유엔 기후 변화 협약 당사국 총회에서도 이 같은 점을 피력한 바 있다.

말뫼의 눈물, 말뫼의 변신

스웨덴 말뫼(Malmö)는 과거 조선업으로 유명한 도시였다. 세계 조선 물량의 대부분을 수주하던 산업 도시였으나, 한국과 중국 등 후발 주자들에게 조선업 시장을 잠식당하면서 결국 말뫼의 조선소들도 문을 닫게 되었다. 말뫼의 대형 조선소인 코쿰스(Kockums)도 조선업을 정리하게 되었고, 조선소 내에 있던 대형 크레인도 처리 수순을 밟게 되었다. 대형 크레인을 사 줄 곳을 찾던 중 한국의 현대중공업이 막대한 해체 비용을 부담하는 조건으로 상징적인 의미의 단돈 1달러에 이 크레인을 사들였다. 2002년 9월 25일 말뫼 주민들은 방파제에 올라 해체되어 바지선에 실려 먼바다로 사라지는 모습을 보며 말뫼의 황금기를 그리워하면서 아쉬운 눈물을 흘려야 했다. 스웨덴 국영 방송이 이 장면을 장송곡과 함께 방송에 내보내면서 '말뫼의 눈물'로 불리게 되었다.

말뫼의 눈물 이후 도시는 2001년부터 시작된 '내일의 도시(City of Tomorrow)' 프로젝트를 통해 새롭게 탈바꿈했다. 오래된 조선소 부지는 친환경 주택 단지로 바뀌었다. 'Bo01'지구로 불리는 이 주택 단지는 해당 지역에서 생산된 100% 신재생 에너지만을 사용하고 있다. 건물 옥상에 설치된 태양열판과 태양전지, 풍력, 지열 등을 이용해 전기와 난방 에너지를 생산하고, 지구 내에서 발생하는 음식물 쓰레기는 차량용 바이오가스로 재생해 사용하고 있다. 실제 도시의 대중교통수단으로 바이오가스를 이용하는 버스가 도입되었으며, 기본적으로 보행과 자전거가 주 통행 수단으로 이용되고 있다.

말뫼의 중앙부에는 도시의 대전환을 상징하듯 랜드마크 건물인 '터닝 토르소(Turning Torso)'가 건립되었다. 이 건물은 1층부터 최고층인 54층까지 정확히 90도 비틀어진 모습을 하고 있는데, 멋진 모습뿐 아니라 건물의 운용에도 탄소중립을 위한 기술이 적용되었다. 터닝 토르소는 지역 내에서 생산된 전기와 태양열, 지열로 냉난방과 전력을 해결하고 내외부의 친환경 설계와 시공을 통해 뛰어난 에너지 효율을 자랑한다. 당연히 건물 내 각 호에서 사용하는 에너지 정보를 빅데이터로 구축하고 인공지능을 통해 건물 에너지를 관리하는 시스템이 구축되어 있으며, 건물에 입주한 주민들은 인터넷을 통해 이러한 정보를 확인할 수 있다.

말뫼는 기존 조선업이라는 중공업 기반의 도시를 4차 산업 혁명을 선도하는 도시로 탈바꿈시키기 위한 노력을 기울였다. 사물 인터넷, 빅데이터, 3D 프린팅, 자율주행, AI를 비롯한 첨단 산업 분야의 스타트업을 육성하기 위한 캠퍼스를 조성해 젊은 인재를 끌어들였고, 바이오 단지와 대학을 유치해 기존 조선업 중심의 도시 이미지를 확실히 벗어던졌다.

참고문헌

마스다르시티 홈페이지. https://www.masdarcity.ae/

아틀라스(2019.5.13.). 전화위복 된 '말뫼의 눈물'…IT도시 탈바꿈. http://www.atlasnews.co.kr/news/articleView.html?idxno=347

09
탄소중립과 인공지능의 모순

인공지능은 탄소중립을 실현하기 위한 하나의 방법이 될 수도 있지만, 잘못된 기술 적용은 그 반대 효과를 가져올 수 있다. 인공지능 기술을 사용하는 자율 주행차는 그 원재료 확보와 생산 과정에서 기존보다 더 많은 에너지 소모가 발생할 수 있다. 인공지능 기술의 학습 과정 자체도 막대한 에너지가 투입되며, 인공지능 기술의 확산으로 인해 지속적으로 증가하고 있는 데이터 센터들도 운영 과정에서 직간접적인 온실가스 배출에 기여하고 있다.

AI와 화장품?

인공지능이 가져오는 반대급부

인공지능이 탄소중립도시 구현에서 핵심적인 역할을 수행하고 있지만 인공지능 기술의 사용이 오히려 온실가스 배출을 늘리는 원인이 되기도 한다. 인공지능 기술은 컴퓨터를 이용한 정보 처리와 연산 과정을 거쳐 작동하는데, 이 과정에서 막대한 전력을 소비한다. 문제는 그 전력이 화석 연료를 이용해 만들어진 것이라면 인공지능 기술을 쓰면 쓸수록 온실가스가 배출되는 결과를 초래하는 것이다. 그리고 전력 소비는 발열이 동반되는데, 높아진 온도를 적정 수준으로 식히는 데도 에너지가 투입된다. 온실가스 배출을 줄이기 위해 도입한 정책과 기술들이 탄소중립과는 반대 방향의 결과를 가져올 수도 있는 것이다.

인공지능을 통한 탄소중립도시의 추구는 에너지 투입 비용의 증가 외에도 사회 경제적 문제로 나타날 수도 있다. 인공지능을 사용하기 위해서는 기본적인 인프라가 구축되어야 하는데, 저개발 국가보다는 선진국들이 유리한 여건을 가지고 있는 것이 일반적이다. 인공지능 기술을 쓸 수 있는 국가와 그렇지 못한 국가 간의 불평등이 발생할 수 있고, 그에 따라 온실가스를 줄이지 못한 국가들과 감축을 요구하는 국가 간의 갈등이 심화될 수 있다.

그리고 인공지능이 온실가스 배출을 줄이는 용도로만 사용되리라는 보장도 없다. 오히려 온실가스를 더 배출하는 화석 연료의 탐색과 채굴 과정에 인공지능이 사용될 수도 있는 것이다. 따라서 탄소중립도시에서 인공지능 기술은 부작용이 발생되지 않는 범위 내에서 현명한 이용이 필요하다.

온실가스 배출에 기여하는 자율 주행차

탄소중립을 위해 인공지능 기술이 적용된 자율 주행차도 탄소중립에 역행하는 사례가 될 수 있다. 일반적으로 자율 주행차는 전기로 움직이기 때문에 온실가스와 매연을 발생시키지 않고, 에너지 소모를 최소화하는 방식으로 주행하기 때문에 탄소중립도시의 필수 요소로 소개되고 있다. 그런데 전기차가 오히려 대기 질을 악화시키고 온실가스 감축에도 도움이 되지 않는다는 의견도 있다. 그 근거는 전기차의 주재료, 생산 과정, 에너지원 측면에서 제시되고 있다.

전기차의 핵심 구성 요소인 배터리는 리튬, 니켈, 코발트 등의 원료를 사용해 제작된다. 이러한 원료들은 채굴과 추출 과정에서 많은 에너지가 소비되는 것으로 알려져 있으며, 배터리 제작을 위해서는 분쇄, 농축, 정련 등의 에너지 소모가 큰 과정들을 거쳐야 한다. 당연히 온실가스도 에너지 소비량에 비례해 배출될 것이다. 한편, 코발트의 경우는 그 채굴 과정이 환경 오염과 노동 문제를 동반할 수 있어서 전기차 이용에 따른 온실가스 감소 효과를 상쇄시킬 수 있는 수준의 사회적 이슈가 발생할 수도 있다.

전기차는 생산 과정에서도 상당한 에너지와 자원이 소비된다. 이 과정에서 사용되는 전기는 주로 화석 연료를 통해 생산될 수 있으며, 이 경우 전기차 생산량이 늘어날수록 온실가스 배출도 증가하는 상황이 된다. 또한, 인공지능 기술 적용을 위해 추가되는 장비로 인해 전기차의 부품 제작과 조립 과정도 기존 내연 기관 자동차보다 에너지 소모가 많을 수 있다. 그리고 향후 제작 과정을 인력이 아닌 로봇으로 대체할 경우 소요되는 에너지도 상당할 수 있다.

자율 주행차의 주행 과정에서도 역효과가 발생할 수 있다. 자율 주행차는 기존 자동차가 가진 내연 기관 엔진이 없지만, 배터리와 모터, 자율 주행을 위한 각종 센서가 갖춰져 있어 무게가 많이 나간다. 이 중 배터리 무게가 대부분을 차지한다. 테슬라 모델S의 경우 공차 중량이 2톤으로, 동급의 대형 세단 내연 기관 자동차가 1.5톤

정도 나가는 것을 고려하면 약 1.3배 정도 무겁다. 차체가 무거우면 바퀴에 더 많은 압력이 가해질 수 있고, 이로 인해 타이어 마모를 촉진시켜 미세 먼지와 같은 대기오염 물질을 더 많이 배출할 수도 있다. 그리고 자율 주행차가 전기로 에너지를 충전하기 때문에 직접적인 탄소 배출은 없을 수 있으나, 전기 생산에 사용되는 에너지의 원천이 화석 연료에 의존하는 경우엔 결국 간접적인 방식으로 탄소 배출에 기여하게 된다.

에너지 소비를 촉진시키는 인공지능

대규모 AI 모델을 학습시키기 위해서는 많은 컴퓨팅 자원이 필요하다. 특히 딥러닝 모델을 학습시키는 과정에서는 GPU(graphics processing unit)와 같은 고성능 하드웨어가 사용되며, 이는 매우 많은 전력을 필요로 한다. 이로 인해 AI 학습 과정 자체가 상당한 온실가스 배출을 초래할 수 있다. AI 알고리즘은 대개 많은 양의 데이터를 필요로 하는데, 데이터를 수집하고 저장하는 과정과 데이터 처리 과정에서 발생하는 전력 소비 역시 고려해야 할 요소다. 특히 실시간으로 데이터를 처리해야 하는 경우에는 더 많은 전력 소비가 발생할 수 있다.

인공지능 기술이 보편화되면서 일상생활에서 사용하

는 많은 사물과 장비에 AI가 적용되고 있다. 그리고 AI 기술이 통합된 스마트 기기들의 수와 종류도 늘어나고 있다. 예를 들어, 스마트폰, 스마트 홈 장치, 자율 주행차 등이 AI 기술을 활용한다. 이들 장치와 기기의 증가는 전력 소비 증가로 이어질 수 있으며, 이는 에너지 공급망을 통해 온실가스 배출을 증가시킬 수 있다.

비트코인과 함께 코인 채굴이라는 말을 들어 봤을 것이다. 코인 채굴은 블록체인 환경에서 인공지능이 제시하는 문제를 풀 경우 일정한 코인을 제공하는 방식으로 진행된다. 이 문제는 단순한 계산에 의해서 해결할 수 있는 것이 아니라 막대한 컴퓨팅 파워가 필요하다. 초기에는 일반적인 CPU(central processing unit)를 사용해 채굴할 수 있었지만, 점점 더 복잡한 문제를 해결하기 위해 각 프로세서가 동시에 수행할 수 있는 계산 유닛인 코어(core) 수가 더 많은 GPU가 활용되었다. 그리고 나중에는 특정 용도 집적 회로인 ASIC(application-specific integrated circuit)라 불리는 비트코인 채굴에 특화된 하드웨어가 사용되었다. 이러한 장비들로 가득한 공간이 바로 비트코인 채굴 현장으로 뉴스 화면에 종종 보도되었다. 문제는 이 장비들이 작동하면서 열을 발산하는데, 정상적인 작동을 위해서는 쿨링 팬이나 수랭식 쿨러 등을 이용해 열을 인위적으로 식혀 줘야 한다는 것이다. 그만큼 인공지능 기술이 적용될수록 컴퓨팅 파워를 위한 에너지 소모와 냉각을 위한 에너지 투입이 필요함을 말한다. 그만큼 온실가스 배출도 증가한다.

데이터 센터의 확장이 온실가스 배출에 미치는 영향

최근의 인공지능 기술은 클라우드 컴퓨팅 데이터 센터를 통해 제공되고 있다. 대규모 클라우드 서비스 제공 업체들은 매우 많은 양의 데이터를 처리하기 위해 거대한 데이터 센터를 운영한다. 이러한 데이터 센터들은 상당한 전력을 소비하며, 이로 인해 전력 사용량에 맞먹는 온실가스 배출이 발생할 수 있다. 실제로 인공지능 기술 기반의 서비스가 증가하면서 데이터 센터의 전력 소비도 증가하고 있는 추세다. 산업통상자원부에 따르면 2023년 9월 기준 우리나라에는 147개 데이터 센터가 구축되었다고 한다. 계약 전력 기준으로 1916MW(약 1.9GW)로, 한국형 원전 1기(1.4GW) 이상이 전력을 지속 공급해야 하는 물량이다. 이러한 데이터 센터는 앞으로 인공지능 기술 적용 분야가 확대되고 관련 서비스가 늘어날수록 지속적으로 증가할 전망이다. 당연히 그에 따라서 온실가스 배출도 늘어날 것이다.

데이터 센터는 전력 소비 외에 물 수요도 증가시킨다. CPU와 GPU에서 발생하는 열을 제어하는 방법은 공기를 이용하는 공랭식과 물을 이용하는 수랭식이 있다. 공랭식은 외부의 차가운 공기를 유입시켜 온도를 낮춘 다음 뜨거운 공기를 다시 외부로 내보내는 방식이다. 에어컨을 이용해 실내 온도를 적정한 수준으로 유지하는 것은 기본이다. 수랭식은 물을 이용하는 것으로 공기를 이용하는 것보다 빠르게 열을 식힐 수 있는 장점이 있다. 그러나 전자 장비는 대부분 습기에 취약하기 때문에 냉각 시스템을 구성하는 데 고도의 설계가 필요하고 비용도 많이 든다. 공기와 물의 사용은 결과적으로 인공지능 기술 적용을 위해 필요한 간접적인 에너지 투입을 유발해 온실가스 배출을 증가시키게 된다.

참고문헌

산업통상자원부(2023.3.9). 데이터 센터 수도권 집중 완화 방안.

10
탄소중립도시 이후

탄소중립 구현과 같은 도시 문제 해결에 있어서 인공지능 기술의 적용은 이제 일반적인 사항이다. 앞으로는 기술의 발달로 인해 인공지능 기술 이후의 새로운 도시 모델이 제시될 수 있다. 새롭게 제시되는 도시는 기후 위기와 같은 전 지구적 문제의 해결과 함께 경제 성장, 사회적 포용 등을 포괄하는 방향으로 나타나게 될 것이다.

종교와 AI?

이상적인 도시 모델의 발전사

인류가 추구하는 도시의 이상향은 그 이름은 매번 달랐을 수 있으나 목표는 동일했다. 안전, 편리, 쾌적, 그리고 지속 가능함은 도시가 갖춰야 할 덕목이었고, 이를 달성하기 위한 이상적인 도시 모델을 실현하기 위해 노력해 왔다. 도시 모델들은 시대별로 다양한 이름으로 불려 왔다. 산업화로 인한 환경적 문제를 최소화하고 자연의 장점을 도입하기 위해 제시된 전원도시에서부터 자연환경의 보전과 활용, 공생을 고민한 친환경 도시와 생태 도시, 그리고 도시 문제 해결을 위해 4차 산업 혁명의 첨단 기술을 적용한 스마트시티에 이르기까지 명칭은 다르지만 모두 인류 생존과 번영을 목적으로 제시된 지금까지도 유효한 도시 모델들이다.

하지만 이들 도시 모델들을 모두 집어삼킬 만큼 심각한 위협이 발생했는데, 그것이 바로 기후 위기다. 탄소중립도시는 인류의 생존에 직접적이고 치명적인 영향을 주는 이슈로, 앞서 제기된 도시 모델들을 모두 포함할 수 있는 모델이 된다. 예를 들어, 친환경 도시와 생태 도시도 결국엔 인공적인 도시 개발을 최소화하고, 개발 시에도 자연적인 요소를 적극 도입하는 것으로 탄소중립에 기여할 수 있다. 스마트시티도 마찬가지다. 스마트시티가 추구하는 도시 문제 해결 대상들은 대부분 기후 위기 대응과 관련이 있기 때문이다.

그럼에도 새로운 도시 이슈가 나타나고 이에 대응한 도시 모델은 계속해서 만들어질 것으로 예상된다. 왜냐면 탄소중립도시 이후에도 도시를 위협하는 또 다른 문제가 대두되거나, 인류의 삶을 획기적으로 개선할 수 있는 신기술이 개발되기 때문이다. 하지만 새로운 도시 모델들도 기후 위기의 심각성을 고려하면 탄소중립이라는 대전제하에서의 목표를 가질 수 있다. 탄소중립의 추구와 인공지능 기술 활용은 일상적인 이슈가 될 것이기 때문이다.

따라서 새로운 도시 모델은 탄소중립도시의 발전된 모델이 될 가능성이 있다. 현재 탄소중립도시는 각 분야별 모델이 불명확하다. 건물, 수송과 같은 세부 부문이 존재하지만 현재는 각 부문별 목표가 강조되기보다는 탄소중립도시라는 전체 목표에 초점이 맞추어지고 있다. 따라서 각 부문별로 구체적인 세부 목표를 가지고 당대의 최신 기술과 접목된 형태의 도시 모델이 제시될 수 있다. 적용되는 기술도 인공지능 기술의 고도화된 형태가 될 것이다. 단순한 정보통신 기술에서 자동화로, 그리고 인공지능을 넘어 모든 사물이 인간 활동과 연결되어 혁신적인 서비스를 제공하는 초연결 사회의 기술들이 도입될 것이다.

인공지능 기술이 고도화되어 탄소중립에의 기여를 통해 탄소중립도시가 구현되는 과정에서도 반드시 고려해야 하는 부분이 있다. 바로 도시에 살고 있는 모든 계층에 대한 배려다. 이와 관련해 대두된 개념이 바로 포용도시(inclusive city)다. 포용 도시는 사회적 · 경제적으로 모든 계층이 포함되고, 기회를 공평하게 제공받을 수 있는 도시를 의미한다. 포용 도시는 모든 사회적 계층이 인권을 존중받고 기본적인 생활 수준을 보장받는 도시로, 사회적 평등과 공정성을 추구하며 취약 계층이나 소외된 집단에 대한 지원을 강화한다. 탄소중립도시를 구현하는 과정에서도 탄소중립도시의 혜택을 받지 못하거나 오히려 부정적인 영향을 받는 계층이 발생할 수 있다. 낮은 소득 계층이나 경제적으로 취약한 가정들은 에너지 비용 부담이 클 수 있다. 탄소중립을 위한 에너지 효율적인 주거나 교통 시스템의 도입은 초기 비용이 높을 수 있어서 소득이 높지 않은 이들에게는 경제적인 부담이 크다. 이로 인해 친환경 에너지에 대한 보급과 접근이 고소득층을 중심으로 진행될 수 있다. 그리고 탄소중립도시에서는 인공지능 기술과 같은 첨단 기술을 요하는 새로운 직업들을 필요로 하는데, 이에 대한 교육 기회도 필요하고 새로운 산업 혁신에 적응할 수 있는 지원도 필요하다. 그뿐만 아니라 탄소중립 정책 수립 및 실행 과정에서 다문화 가정, 장애인, 노인 등의 사회적으로 취약한 그룹들의 의견이 반영되고 그들이 포함될 수 있는 배려가 필요하다. 즉, 사회적 포용성을 강화하는 노력이 필요하고 도시 모델도 이를 고려해 진화해야 한다.

환경 보호와 경제 성장, 사회적 공생을 모두 달성하는 재생 도시

재생 도시(regenerative cities)는 지속 가능성과 탄소중립을 추구하는 것을 넘어, 생태계의 건강을 회복하고 자원을 순환적으로 관리하는 도시다. 이 개념은 지속 가능한 개발 및 도시 디자인 분야에서 중요한 인물 중 한 명인 도시 문화 생태학자 허버트 기라데(Herbert Girardet)에 의해 주창되었다. 재생 도시는 단순히 환경을 보호하고 자원 소모를 줄이는 것을 넘어서, 도시가 자연 생태계를 회복하고 강화하며 사람들의 삶의 질을 높이는 것을 추구한다. 여기에는 스마트시티에서와 같은 혁신적인 기술 적용도 포함한다. 재생 도시에는 기존에 논의되어 온 지속 가능한 도시, 친환경 도시, 그리고 스마트시티의 여러 가지 특징들을 모두 포함한다.

재생 도시는 자연의 생태계를 회복하고 지속 가능한 자원 관리를 통해 자원을 재생하려고 노력한다. 이는 도시 생태계를 회복시키고 자연의 다양성을 유지하는 데 도움을 주기 때문이다. 특히 자원 관리 방안의 일환으로 환경 친화적인 에너지 소스를 채택해 도시의 에너지 사용을 지속 가능하게 만드는 것과 태양열, 풍력, 지열 등의 자연 에너지를 활용한 신재생 에너지를 적극 도입해 탄소 배출을 줄이고 에너지 자립성을 증대시키는 것은 탄소중립도시가 추구하는 방향과도 같다고 할 수 있다.

재생 도시는 사회적 공평성과 경제적 번영을 동시에 추구해 모든 시민이 공정하고 평등한 환경에서 삶을 영위하는 것을 목표로 한다. 이를 위해 포용적인 도시계획을 수립해 모든 사람이 안전하고 건강하게 생활할 수 있는 환경을 조성한다. 특히 공공 공간의 접근성을 확보하고, 취약 계층을 위한 지원 서비스를 제공하는 것이 포함될 수 있다. 이는 물리적인 거리뿐 아니라 디지털 기술과 정보에 대한 접근 또한 접근성의 개념에 포함해 사회적인 이동성을 증진시키는 것이다. 그리고 기존 친환경적인 요소들과 대척점에 있는 것으로 인식되던 경제적 번영에 대한 부분도 포함하고 있다. 여기에는 현지 자원을 적극 활용해 경제적 자립성을 높이는 정책 시행으로 일자리를 만들어 내고 사회의 기반 구조를 강화하는 전략이 포함된다. 특히 산업은 친환경적이고 지속 가능한 산업을 중심으로 유치하고 에너지 효율적인 기술과 혁신을 촉진시켜 경제적 성장과 환경 보호를 동시에 달성하는 방향으로 발전하는 것을 추구한다.

재생 도시는 미래에 발생할 변화와 도전에 유연하게 대응하고, 혁신적인 접근을 통해 지속 가능성을 강화하는 것을 목표로 한다. 여기에는 스마트시티와 같이 최신 기술을 적용하는 것이 포함된다. 인공지능, 빅데이터 분석, 사물 인터넷 등을 통해 도시의 에너지 효율성을 높이고, 교통 흐름을 최적화하며, 공공 서비스를 개선하는 방향으로 이루어질 수 있다. 변화하는 환경 조건에 유연하게 대응할 수 있는 도시계획과 설계도 혁신적인 방안이 될 수 있다. 기후 변화에 따른 재해 예방 및 대응 전략을 수립하고, 다양한 용도로 활용할 수 있는 도시 공간을 설계하는 것을 예시로 들 수 있다. 재생 도시는 환경 친화적인 기술을 도입해 자원 관리와 에너지 효율성을 개선한다. 예를 들어, 태양광 발전소 설치, 냉각수 재활용 시스템 구축 등의 첨단 기술을 통해 에너지 소비를 줄이고 자원을 효율적으로 활용하는 것이다.

새로운 도시 어젠다를 기다리며

기후 위기는 각 나라와 지역별로 추진해 오던 도시 문제에 대한 대응을 인류 공동의 노력으로 전환한 계기가 되었다. 탄소중립은 기후 위기에 대응하기 위한 목표이고, 인공지능 기술을 비롯한 4차 산업 혁명의 핵심 기술들은 이를 실현하기 위한 방법이다. 그리고 탄소중립도시는 그 목표가 달성된 공간으로 볼 수 있다. 앞으로 기술은 더욱 발전할 것이고, 발전된 기술에 의해 목표치 또한 같이 재설정될 수 있다. 그리고 구현된 결과가 실현되는 공간 또한 도시에서 지역과 국가로, 전 지구 차원으로 확대될 것이다.

새로운 도시 어젠다는 우리가 살아가는 도시의 미래를 바라보는 새로운 희망과 방향을 제시할 것이다. 이는 단순히 기술의 발전에 그치지 않는, 지속 가능성과 사회적 포용성을 중심에 두는 새로운 도시 개발 모델을 의미한다. 우리는 지구 온난화와 자원의 고갈, 그리고 사회적 불평등이라는 글로벌 도전 과제에 직면하고 있다. 새로운 도시 아젠다는 이러한 도전 과제를 극복하고, 미래 세대들이 건강하고 번영하는 환경에서 살아갈 수 있도록 돕는 역할을 해야 한다.

참고문헌

Girardet, H.(2015), *Creating regenerative rities.* U.K.: Routledge,

정승현

한국건설기술연구원에서 연구위원으로 근무 중이다. 한양대학교에서 도시계획으로 박사학위를 받았다. 국가연구소대학인 UST 교수를 겸직하고 있고, 한양사이버대학교에서 겸임교수로 강의하고 있다. 도시 환경에 대한 이해를 바탕으로 도시계획 분야에 대한 기술과 정책 연구에 중점을 두고 있다. 국가연구 개발 사업인 '탄소공간지도기반 계획지원 기술개발' 사업의 연구단장을 수행했고, 국내외 등재지와 SCI급 국제 학술지에 40편 이상의 논문을 게재했다.